SELBSTSTÄNDIG

WIE DU ALS FRAU DEIN TRAUMLEBEN
IN UNABHÄNGIGKEIT, FREUDE & FREIHEIT ERSCHAFFST.

Anne-Kristin Holm

HAFTUNGSAUSSCHLUSS

Die Verwendung der Informationen in diesem Buch und die Umsetzung derselben erfolgt ausdrücklich auf eigenes Risiko. Der Autor kann für etwaige Unfälle und Schäden jeder Art, die sich bei der Umsetzung ergeben, aus keinerlei Rechtsgrund die Haftung übernehmen. Haftungsansprüche gegen den Autor für Schäden jeglicher Art, die durch die Nutzung der Informationen in diesem Buch bzw. durch die Nutzung fehlerhafter und oder unvollständiger Informationen verursacht wurden, sind ausgeschlossen. Folglich sind auch Rechts- und Schadenersatzansprüche ausgeschlossen. Der Inhalt dieses Werkes wurde mit größter Sorgfalt erstellt und überprüft. Der Autor übernimmt keine Gewähr und Haftung für die Aktualität, Korrektheit, Vollständigkeit und Qualität der bereitgestellten Informationen. Druckfehler können nicht vollständig ausgeschlossen werden. Weiterhin beruht der Inhalt dieses Werkes auf persönlichen Erfahrungen und Meinungen des Autors. Der Inhalt darf nicht mit medizinischer Hilfe verwechselt werden.

IMPRESSUM

1. Auflage

Kontakt: Anne-Kristin Holm, Rotkreuzstrasse 55b, 85435 Erding
www.anne-kristin-holm.com
Covergestaltung: Michael Mehler

Coverfoto: Esther Bauer Weibsbilder
Grafik: Yasmin Kuhr

DIESES BUCH HILFT DIR:

Glücklich und zufrieden zu leben

***

Deine Ziele zu erreichen

***

Lebensfreude und Motivation zu entwickeln

***

Menschen besser zu verstehen

***

Freunde und Kunden zu gewinnen

***

Dich wohler und selbstbewusster zu fühlen

***

Den Schritt in die Selbstständigkeit zu gehen

Inhaltsverzeichnis

DANKSAGUNG

Mein ganzer Dank gilt meiner Businesspowerfrauen-Community und vor allem den Frauen, die sich hier in das Buch eingebracht haben, mit ihren Ängsten, Situationen, Wünschen, Zielen und Erfolgsgeschichten, um so viele Frauen wie nur möglich zu inspirieren.

Ich bin voller Dankbarkeit für diesen tollen Zusammenhalt, für die Offenheit, für das wunderbare Miteinander.

Ich bin so dankbar für diese schöne Erfahrung,
den Austausch und den Zusammenhalt in der
Facebook-Gruppe der Businesspowerfrauen.

www.facebook.com/groups/businesspowerfrauen

Ich bin dankbar für meine ganze große Familie in allen Zeiten, meine Freunde und Coaches. Ich bin wirklich so dankbar für das Umfeld, das ich habe. Ich bin dankbar für meine zwei Töchter, die mich bei meinem Schreiben und Wirken als Referentin oder Speakerin auf der Bühne begleiten. Ich danke von ganzem Herzen meinem Partner, der mich liebevoll begleitet und unterstützt.

Ein ganz besonderer Dank geht an meine Coaches, Mentoren und Mitstreiterinnen.

Ausserdem bin ich dankbar dafür, dass dieses Buch
von dir gelesen wird!

DANKE, dass es dich gibt!

Anne-Kristin Holm - Erding, im November 2019

WARUM DIESES BUCH

Es ist jetzt die Zeit für ein Mindset, welches Unabhängigkeit, Freude und Liebe bewirkt. Es ist gerade die Epoche des Paradigmenwechsels. Wir hatten in den letzten Jahren die Entstehung der Gesundheits-, Fitness- und Wellnessindustrie, jetzt ist die Zeit für eine neue Bildung gekommen! Jetzt läuten wir die Zeit des „Selfness“ ein! Mit „Selfness“ – am besten wohl mit Selbstherstellung oder Eigengestaltung des Lebens zu übersetzen – beschreibt der Trendforscher Horx (1) eine Entwicklung, die den aktuellen Veränderungen aktiv gestaltend entgegentritt. Ein Prozess, der in der zunehmenden Individualisierung seit den 1960er-Jahren begann und nun immer mehr in Liebe und Glück zurückführt.

Alle Menschen wollen glücklich sein und haben ein Recht darauf. Tausende von anderen Frauen lernte ich kennen, die verzweifelt waren aus purer Angst und Unwissenheit. Durch meine Workshops, Coachings und Beratungen erfuhr ich viele Lebensgeschichten von Frauen, die gefangen in alten Rollen und Mustern waren.

Dieses Buch soll andere Frauen ermutigen, das Bild der abhängigen Frau endgültig loszulassen. Das Buch soll zeigen, wie einfach es ist, sich sein Leben nach den eigenen Regeln aufzubauen. Das Buch soll beschreiben, wie man es durch die Höhen und Tiefen schafft. Angereichert durch aktuelle Erfolgsgeschichten von Businesspowerfrauen, lebt dieses Buch und spricht zu dir.

Als ich mich auf den Weg machte von der Angestellten zur selbstständigen Unternehmerin, habe ich mir zu Beginn die Videos von Gedankentanken angeschaut und mir Coaches gesucht, denen ich all mein Wissen zu verdanken habe.

Alles, was ich gelernt habe, was mich weitergebracht hat, was mich bestärkt hat, was mir wirklich geholfen hat, habe ich in diesem Buch für uns Frauen zusammengetragen mit folgender Essenz:

Lass alle Gedanken und Gefühle los, die dir nicht dienlich sind, und gehe unerschütterlich mit deinem großen Ziel voran! Prüfe bei jeder Entscheidung, ob du aus Angst oder aus Liebe handelst! Nutze die Macht deines Unterbewusstseins. Es ist dein Leben! Lebe es jetzt und es ist für dich gesorgt. Du kannst nicht scheitern, du musst nur „ja" zum Leben sagen und dich einfach trauen! „Machs einfach" war ein Schlüsselsatz bei Damian Richter, der mich bewegte, mein Leben zu ändern!

Die Businesspowerfrauen-Community mit über Tausend selbstständigen Unternehmerinnen hilft und unterstützt dich mit einem kostenfreien Mentorship-Programm und Webinaren in der Facebook-Gruppe Businesspowerfrauen um dein Leben Schritt für Schritt zu verbessern.

www.facebook.com/groups/businesspowerfrauen

(1)Horx, Matthias: **Der Selfness-Trend.** *Was kommt nach Wellness?*

VORWORT

„Selbstständig" – ein Buch von einer Vollblut-Unternehmerin, das anderen Unternehmerinnen Mut macht (und auch Unternehmern!")

Mit großer Freude nahm ich die Herausforderung an, als Anne-Kristin Holm mich bat, zu einem Buch von einer Frau für Frauen ein Vorwort zu schreiben.

Eine große Ehre, denn ich bin zwar selbst keine Frau, aber als Frauenarzt und Unternehmer aus einer etwas anderen Perspektive doch mit dem Thema befasst. In den zurückliegenden 15 Jahren in meiner Praxis, in denen ich viele Frauen beraten, behandelt und begleitet habe, durfe ich mit den Schwierigkeiten vertraut werden, die sich berufstätigen oder alleinerziehenden Müttern in den Weg stellen, wenn sie ausgetretene Pfade verlassen, ihrem Herzen folgen und eigene Wege gehen wollen.

Manche sind frauenspezifisch – während und nach einer Schwangerschaft oder Geburt zum Beispiel. Andere betreffen überwiegend Frauen (wie die Situation als Alleinerziehende und zugleich Selbstständige). Für mich war es eine Überraschung, wie viele menschliche Universalthemen hier vorkommen, die auch einen männlichen Unternehmer und Selbstständigen gleichermaßen beschäftigen und belasten können – wie die limitierenden Glaubenssätze, das eigene Mindset, die Angst sichtbar zu werden und in die eigene Größe zu gehen, die Unsicherheit und der mangelnde Selbstwert, die Sabotageprogramme im Unbewussten, die uns immer wieder zurückhalten. Die alles betrifft ausnahmslos alle Menschen, die eine selbstständie Tätigkeit anstreben oder ausüben.

Sie mögen dabei geschlechtstypisch, aber vor allem individuell unterschiedlich akzentuiert sein, wir entgehen ihnen alle nicht.

Wer hier ein Buch über Strategien, Markteing, Erfolg und Kampf gegen die (vorwiegend männliche) Konkurrenz erwartet, sieht sich angenehm überrascht.

Es geht vor allem um die innere Stärke, die Entwichklung der eignen Persönlichkeit und des Mindsets, um das neudeutsche Wort für die innere Einstellung, die Glaubenssätze und Überzeugungnge, die uns prägen, zu gebrauchen. Mit zahlreichen inspirierenden Übungen und Beispielen, von sich selbst und anderen Unternehmerinnen, macht Anne-Kristin Holm uns Mut, diesen Weg selbstbeusst zu gehen – ein Weg, den sie selbst gegangen ist und über den sie darum, mit voller Authentizität und Überzeugungskraft berichten kann.

Möge dieses Buch soviele Unternehmerinnen wie möglich ispirieren, den Schritt in die Selbstständigkeit zu wagen, zum eigenen Wohl und dem Wohl ihres nahen und fernerenUmfeldes.

Dr. Joachim Stein – Kleinostheim, im November 2019

LEBENSFREUDE

„Als ich feststellte, dass ich mein Lachen verloren hatte, machte ich mich auf den Weg, es wiederzufinden.“
Anne-Kristin Holm

19 Jahre habe ich in Festanstellung gelebt. Schon nach einem Jahr in der Arbeitswelt fragte ich mich, ob das jetzt bis zur Rente so weitergehen soll? Nach meinem Abitur und Studium konnte ich mir mit meinem Gehalt nicht das Leben aufbauen, das ich wollte. Die lange Suche nach der inneren Zufriedenheit machte mich müde. Das Arbeiten ohne Sinnhaftigkeit machte mich unzufrieden. Die Angst vor der Selbstständigkeit zwang mich, in meiner Situation zu bleiben. Die Gefahr vor der Ungewissheit ließ mich leiden. Mit diesen Gefühlen war ich nicht alleine.

Vielleicht kennst du das auch, du hast viel gelernt, studiert, dich überwunden, für deine Ziele gekämpft! All das hast du getan, weil du dachtest, das bringt dich zu dem Gefühl und zu der Sicherheit, was du dir in deinem Leben gewünscht hast!

Leider stellst du nach einigen Jahren fest, dass du immer mehr und immer härter arbeitest und sich dieses Gefühl immer noch nicht einstellt. Irgendwann fragst du dich: „Wie viel muss ich denn noch arbeiten? Was muss ich noch erreichen, um endlich anzukommen, um endlich eine Pause ohne schlechtes Gewissen machen zu können?"

Du fängst an, mit deinen Freundinnen darüber zu reden. Vielleicht verstehen sie dich und geben zu, dass es ihnen ähnlich geht und ihr beginnt gemeinsam über alle schlechten Umstände zu sprechen!

Vielleicht verstehen dich deine Freunde und deine Familie aber auch gar nicht, und geben dir das Gefühl, du „tickst nicht ganz richtig". Sie vermitteln dir, dass du doch einen guten Job hast und einfach zufrieden sein solltest, mit dem was du tust. Vielleicht reden sie es dir ganz schnell wieder aus und deine innere Stimme zieht sich wieder zurück! Deine innere Stimme wollte dir sagen, dass etwas nicht stimmt, dass du dich selbst unglücklich machst, mit all den Lebensumständen, die du gewählt hast, mit deinem Leben, welches du dir da zusammengebastelt hast!

Vielleicht geht es dir aber auch ganz gut so, wie es ist, und du gehst deinem alten Leben weiter nach. Oder aber du beschließt „jetzt erst recht" und suchst dir neue Ziele, Freunde, Bücher, Mentoren, Kurse, …

Das bringt dich raus aus dem alten Gedankenmuster, aus der Schwere und führt dich hin zu neuen Zielen mit neuen Gefühlen und Hoffnung auf Verbesserung. Gratuliere! Packen wir es also an!

Hier ein paar aktuelle Beispiele aus der Businesspowerfrauen-Community.

Was war die damalige Situation der verschiedenen Unternehmerinnen

- Ich war arbeitssuchend und wollte etwas ändern. Meine Situation war festgefahren.

- Ich hatte Depressionen und Panikattacken, mir ging es sehr schlecht. Stress auf der Arbeit und im Privaten. Ich war ausgelaugt und müde von allem. Ich wollte da nur heraus!

- Ich war völlig erschöpft von meinem Leben und im finanziellen Überlebenskampf.

- Ich war in Hartz IV, alleinerziehend, stark traumatisiert, depressiv und der Vater meines Kindes war gerade verstorben. Ich konnte nicht mehr.

- Ich wurde aussortiert in meinem damaligen Beruf als Kinderbetreuerin, weil die Gruppen verkleinert bzw. aufgelöst wurden. War an mehreren Standorten tätig.

- Wahrscheinlich hätte ich mir dann in nächster Zeit was anderes gesucht. So wurde mir diese Entscheidung abgenommen. Was für mich eine Riesenchance wurde, mir etwas Neues zu überlegen. Zuerst ging es mir ganz gut und dann bekam ich Ängste und Zweifel. Depressionen hatte ich schon als junge Erwachsene, weil einiges in meiner Kindheit schön schiefgelaufen ist und ich eine Frühgeburt war. Ich war sehr viel krank als Kind.

- Ich hatte immer wieder Jobs, die ich während der Probezeit verloren hatte. Das hat mich so richtig angekotzt. Immer wieder aufs NEUE die Kraft aufbringen, sich einen Job zu suchen, der mir mein Lebensunterhalt sichern sollte.

- Ich wollte nur eins: reisen und unabhängig sein!

- Ich war unzufrieden in meiner Beziehung und habe neue Wege gesucht, um zu mir selbst zu finden.

- Ich war Leiterin einer Beratungsstelle im sozialen Bereich und ich begann mir Gedanken darüber zu machen, wie ich meine Erfahrungen und meine Fähigkeiten in einer selbstständigen Tätigkeit zum Ausdruck bringen könnte.

- Ich habe über viele Jahre in vielen interessanten Positionen als Chefsekretärin gearbeitet. Das hat mir sehr viel Spaß gemacht und ich habe viele Menschen in Büros kennengelernt. Dabei ist mir schon früh aufgefallen, dass viele Menschen ihren Job gar nicht gern gemacht haben und sich ständig in Warteposition befanden. Warten auf das Wochenende, auf den Urlaub und schließlich auf die Rente. Das hat mich sehr traurig gemacht und in mir wuchs der Wunsch, zu verstehen, warum das so ist und schließlich auch, das zu ändern.

  Ich war wirklich sehr sehr unglücklich.

- Bei mir war es die Trennung von meinem damaligen Lebensgefährten, zwei Jahre altes Baby und 15-jährige Tochter, zwei Jahre lang eine Horrorbeziehung mit Depressionen, Burn-out und Patchwork-Familie gehabt, mit null Cent zurückgezogen von der Schweiz nach Deutschland, Wohnung gefunden, meinen Sohn in Kindergarten eingewöhnt und wieder als Freiberuflerin gearbeitet, mit unendlich vielen Schulden.

- Ich einfach war unglücklich in meinem Angestelltenjob und wollte etwas ändern.

- Ich war seit über 20 Jahren selbstständig als Unternehmensberaterin, Projektleiterin und Führungskraft und zusätzlich als Coach tätig, insbesondere in Führungsthemen und wollte wieder mehr Zeit für mich.

- 2007 stand ich mit einer schwierigen Diagnose ein drittes Mal im Leben vor dem Aus - und ich habe einen neuen Lebensstil für mich gefunden. Ich habe über die Heilmethoden gelernt, umgesetzt und meinen Körper geheilt. 2011, nach einem Arbeitsunfall, habe ich alles verloren: Gesundheit, Job, Ehe beendet, Haus verkauft, Freunde haben mich verlassen. Ich wusste - entweder das alte Leben und krank bleiben oder weggehen, alles verlassen aber dafür vielleicht gesund und glücklich werden.

- Ich hatte ganz viel Wissen und Erfahrung gesammelt im Bereich Pädagogik, Motivations- und Lernberatung, Energiearbeit sowie Coaching. Das Feedback meiner Klienten war sehr gut, dennoch brauchte ich mehr neue Klienten, und ich beschloss, mich coachen zu lassen, und zwar von einem Team von Experten um mein Leben zu verändern.

- Ich lebte von meinem damaligen Ehemann getrennt, dann später geschieden. Ich stand mit vier kleinen Kindern da, und die Kinderbetreuung war noch in den Startlöchern. In den alten Beruf konnte ich nicht, da war ich schon zu lange raus und „nur“ Mutter. Also musste ich mir was anderes einfallen lassen. Mich interessierte die Gesundheitsbranche, deshalb überlegte ich, noch mal zu studieren. Eigentlich hätte ich gerne Medizin studiert (zum damaligen Zeitpunkt). Ich hab mich dann für die Tagesschule zur Heilpraktikerin entschieden. Das kommt dem Studium der Naturheilkunde sehr nahe. Dann konnte ich mich ab mittags um die Kinder kümmern, da es ja keine Kinderbetreuung gab. Gelernt habe ich nachts, konsequent.

- Ich hatte meine Psychotherapie-Praxis nach über 30 Jahren geschlossen, weil mir diese Arbeit immer weniger Freude machte. Ich war leer und in einer Routine ohne Challenge und Freude und wollte etwas verändern.

Was waren die antreibenden Ziele der verschiedenen Unternehmerinnen?

- Ich sehnte mich nach finanzieller Freiheit.
- Ich wollte Unabhängigkeit, starke Gesundheit, raus aus den Ängsten und einen neuen Job.

- Ich wollte räumlich, zeitlich und finanziell frei zu sein und meine Fähigkeiten in den Dienst anderer Menschen stellen.

- Mein Hauptantrieb war, dass ich mit meinem Sohn frei und ungebunden ohne die Zwangsvorstellungen der „normalen Leute" leben kann. Ausschlaggebend war auch, dass ich nicht wollte, dass mein Sohn auf eine staatliche Schule gehen muss, sondern privat den richtigen Lernstoff bekommt, den er für das Leben wirklich braucht. Dazu wollte ich unbedingt auch anderen Menschen zeigen, was Freiheit bedeutet, wenn man sie erkennt. Außerdem wollte ich einen Mehrwert schaffen zu der finanziellen Freiheit.

- Ich wollte mit einem Team im Gesundheitsbereich ein Business aufbauen, um Menschen dabei zu unterstützen wieder gesünder und fitter zu werden und sich damit ihre Wünsche (Reisen, Auto, schönes Haus usw.) zu finanzieren. Ich wollte etwas Gutes an die Menschen zurückzugeben, sobald es mir gut geht.

- Ich wollte mir mein eigenes Online-Business aufbauen. Nur mit was? Das war immer wieder die Frage, die ich mir stellte. Weil ich oft genug hörte, wie schlecht ich doch sei ... Ich sollte lieber etwas mit den Händen tun ... *autsch

- Ich wollte auf einer Farm gesundes Gemüse anbauen und mir ein Wunsch erfüllen, den ich schon mit 13 Jahren hegte: mein eigener Hof.

- Ich wollte Frauen helfen und damit auch ein sehr gutes Einkommen generieren.

- Nach 25 Jahren im Sekretärinnenjob wollte ich jetzt meine eigenen Ziele in meiner Arbeit verfolgen. Ich wollte meiner Arbeit selbst einen Sinn geben. Ich wollte durch meine Arbeit Menschen bewegen und motivieren. Ich wollte, dass durch mich möglichst viele Menschen es schaffen, sich aus ihren selbstgesetzten Grenzen zu befreien.

- Ich wollte ortsunabhängig arbeiten und reisen, meine Kinder unterstützen und mir ein eigenes Atelier aufbauen.

- Ich wollte ein Online-Programm zum Thema Führung und konstruktive Kommunikation anzubieten für Frauen, die gerade eine Führungsposition übernommen haben oder solche, die sich dafür interessieren.

- Nach drei Jahren völligen Rückzuges (eine Heilphase, die notwendig war, um alte Traumata zu bearbeiten, verstehen und hinter mir zu lassen) habe ich endlich gewusst, wohin die Reise geht: Ich wollte meine Gaben (spirituelle und künstlerische) endlich voll ausleben können und in die Welt bringen.

- Ich wollte die Heilpraktiker-Prüfung beim 1. Mal zu schaffen, denn die Durchfallquote lag bei 85 %. Anschließend wollte ich eine Praxis eröffnen.

- Ich wollte das Denken in Bezug auf Krankheit und Umgang mit Krankheit in unserem Gesundheitssystem positiv verändern. Ich wollte viele Menschen positiv inspirieren und ihnen zeigen, dass Krankheit, Symptome und Befindlichkeitsstörungen "nur" ein Signal sind, dass sie wieder in ihre Balance zurückfinden sollen.

LEBENSQUALITÄT

„Als ich begann meine Lebensqualität zu vergleichen mit der, die ich mir wünschte für mich und meine Kinder, begann ich nach Lösungen zu suchen, diesen Wunsch auch zu erreichen."
Anne-Kristin Holm

Schalte deinen Verstand für die nächsten Minuten aus. Lasse deiner Fantasie freien Lauf. Erlaube deiner Vorstellungskraft an einen Ort zu gehen, an dem du eine glasklare und freie Sicht auf deine Träume und Wünsche hast.

Stelle dir vor, du hast Zugriff auf alle Ressourcen, die du jemals benötigen wirst. Du kannst alles haben, was du möchtest. Was würdest du wählen, um dich auf den Weg zu machen? Was willst du wirklich? Mache dir keine Gedanken darüber, WIE du es bekommen wirst oder ob du es jemals bekommen wirst. Das Ziel dieser Übung ist, klar zu definieren, was du willst. Unser Verstand ist sehr beschränkt.

Die meisten Menschen erlauben sich nicht mit ihren Gedanken diesen besonderen geistigen Ort aufzusuchen.

Du kannst alles haben, was du dir aus tiefstem Herzen wünschst. Es gibt jedoch eine Voraussetzung: Du musst es wirklich wollen.

Wenn du das erste Kapitel liest, wird dir bewusst werden, dass zu entscheiden, was du willst und zu bekommen, was du willst, zwei völlig unterschiedliche Dinge sind. Während du in dem Prozess der Entscheidung steckst, was du willst, ist es irrelevant zu wissen, wie du zu deinem Ziel gelangen wirst. Du musst nur wissen, was du wirklich willst.

Ein Ziel zu finden für dich, für dein Leben, für deine Seele, ein Ziel zu finden, das wirklich zu dir passt, ist ganz leicht! Du musst dir nur Mal etwas Zeit für dich nehmen und mit dir alleine sein! Spüre in dir innere Ruhe, Dankbarkeit, Frieden und frage dich, was du wirklich willst vom Leben. Frage dich das so eindringlich und lasse alle Begrenzungen dabei einfach weg! Trau dich mal, dein Leben von außen zu betrachten, und frage dich: „Hätte ich das alles wirklich so gewollt?“ Wenn nein, dann überlege dir wie deine Wohnsituation, deine Freunde, dein Job sein soll? Spüre in dich hinein und frage dich: „Wie will ich es haben?“. Es dauert eine Weile, bis man sich wirklich spürt und findet, was zu einem passt!

Du musst die Fantasie aufbauen. Du nimmst die Fantasie und machst aus der Fantasie eine Theorie. »Du musst glauben, dass du in der Lage und bereit dazu bist, das zu tun, was erforderlich ist, um die Theorie über deine Wünsche in ein Ziel zu verwandeln. »Lass dir nicht von äußeren Bedingungen oder Umständen vorschreiben, wie du leben wirst. Weigere dich, von allem, was außerhalb von dir vor sich geht, dich aufhalten zu lassen.

»Wenn dein Ziel starke Gefühle in dir auslöst und du dich mit diesen Gefühlen auflädst, dann wirst du dein Verhalten ändern. Wenn sich dein Verhalten ändert, beginnen sich die Ergebnisse zu ändern, und deine Theorie wird zu einer Tatsache. »Personen ohne Ziel sind verloren. Sie haben keinen Kompass. Du musst morgens aufwachen und dich freuen: „Ich arbeite auf mein Ziel hin!“ Ich sage mir immer: „Der Tag heute und wird noch geiler als der Tag gestern!“ Trete in den kreativen Prozess ein nach Bob Proctor:

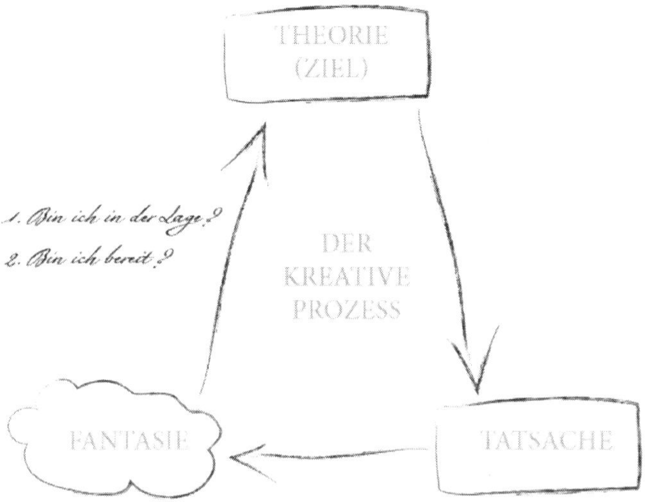

Stelle dir vor, du kleidest dich für ein Date oder Bewerbungsgespräch an. Auf diesen Termin freust du dich und bist schon sehr gespannt. Du möchtest unbedingt einen guten Eindruck hinterlassen. Deshalb legst du großen Wert auf deine äußerliche Erscheinung. Du überprüfst dafür sogar deine Denkweise, deinen aktuellen mentalen Zustand und bringst dich in eine wünschenswerte, positive Stimmung.

Wenn dich jemand auf der Straße anhalten und dich fragen würde: „Was ist dein Ziel?“ Was würdest du antworten? Hast du Ziele, die du ganz klar beschrieben kannst?

Das große Ziel

Schreibe es dir auf und trage dies immer bei dir, um dich darauf einzustimmen! Dies ist der Beginn für dein Wachstum, für deine Veränderung. Schreibe das wirklich für dich jetzt gleich auf. Nimm dir diese fünf Minuten im Alltag und frage dich nur, was du willst. Überlege nicht, was möglich ist, sondern frage dich wirklich nur: Was willst du, wenn alles möglich wäre? Und schreibe dies für dich jetzt auf!

Erlaube dir, dich zu entspannen und deiner Fantasie freien Lauf zu lassen. Fantasiere. Erstelle eine Einkaufsliste mit deinen Herzenswünschen. Füge sowohl persönliche als auch berufliche Wünsche hinzu.

Verschwende, während du fantasierst, keine Energie damit zu überlegen, „WIE“ du dieses Ziel erreichen sollst. Kümmere dich nicht darum, woher das Geld, die Zeit, die Hilfe, die du benötigst, herkommen werden. Wenn du über das „WIE“ nachdenkst, dann bremst es den kreativen Prozess und zerstört deine Fantasie. Denke und konzentriere dich nur auf das „WAS“ du willst. Formuliere dein Ziel in der „Ich“ Person und in der Gegenwart!

Ich bin so glücklich und dankbar dafür, dass...

Schreibe hier DEIN großes Ziel auf, um es wirklich zu erreichen. Möglicherweise ändert sich dein Ziel mit der Zeit, halte es also immer wieder neu fest, mit dem Satzbeginn:

„Ich bin so glücklich und dankbar dafür, dass..."

- ich 10.000.- € im Monat verdiene
- ich ein neues Fahrrad habe
- ich im Monat 10 Frauen in ihrem Business schaffe
- ich eine Ausstellung mit meinen Fotos mache
- ich ein Loft besitze
- ich ein eigenes Büro zum Arbeiten habe
- ich bestens für meine Arbeit bezahlt werde
- ~~da~~ ich gesund bin
- ich in Leichtigkeit und Liebe lebe
- ~~das~~ das Universum für mich sorgt

Du hast ein enormes, kreatives Potenzial. Alles, was du um dich herum siehst, war zuerst eine Idee, die mithilfe von Vorstellungskraft erdacht wurde. Alle Bilder, die ihren Ursprung in der Vorstellung haben, werden als Fantasien bezeichnet. Kreuzfahrtschiffe waren einst eine Fantasie, ebenso wie das Auto, das Internet und der Thermomix. Um deine kreative Fähigkeit (deine Vorstellungskraft) zu trainieren, beginnst du damit, ein fantastisches Bild zu erdenken. Du fängst an, mental mit dieser Fantasie zu spielen, bis du anfängst, dein Wunschbild ernst zu nehmen. Dann springst du mit deiner Vorstellungskraft zu deinem WARUM, dem Grund deines Wunsches. Und du fängst an, deine Idee klarer zu entwickeln. An dieser Stelle verwandelt sich in deinem Bewusstsein das Wunschbild in eine Theorie.

Bevor die Theorie zum Ziel werden kann, musst du dir zwei Fragen stellen. Die erste Frage ist: „Bin ich dazu in der Lage?“ Laut Wissenschaft und Theologie ist das menschliche Potenzial unendlich. Daher muss deine Antwort auf diese Frage ein klares „Ja“ sein.

Die zweite Frage ist ganz anders. Sie lautet: „Bin ich bereit, alles zu tun, was nötig ist, um mein inneres Wunschbild in meinem Leben real werden zu lassen?“ Wenn deine Antwort auf diese Frage „Ja“ ist, dann wird sofort aus deiner Theorie ein Ziel, und wenn du dein Ziel dem universellen Unterbewusstsein übergibst, treten die Gesetze des Universums in Kraft und das erste Gesetz - die ewige Umwandlung von Energie - übernimmt das Steuer. Dein Ziel beginnt, sich mit dir und durch dich in physische Form zu bringen. Es bewirkt, dass sich dein Verhalten ändert, und zieht gleichzeitig all die Dinge an, die du für die Manifestation deines Bildes benötigst. Bald wird deine Theorie Wirklichkeit. Darin werden die drei Stufen der Schöpfung abgedeckt – Fantasie, Theorie und Tatsache.

So ist alles auch bei mir erreicht worden.
Schreibe dein Ziel auf eine Karte (ähnlich einer Visitenkarte) und lege deine Zielkarte in deine Geldbörse, Handtasche oder Handyhülle. Schaue so oft es geht auf deine Karte und rufe dir so dein Ziel mehrmals täglich in Erinnerung. Etabliere es fest in deinem Tagesablauf. Indem du jeden Morgen, jeden Abend und mehrmals täglich über deine Ziele nachdenkst, fängst du an, dich auf sie zuzubewegen und sie zu dir zu bringen. Du musst in der Lage sein, dich selbst auf deinen inneren, geistigen Bildern zu sehen. Auf diesen Bildern musst du bereits im Besitz des Ziels sein. Du musst es ernsthaft wollen. Denke daran, dass sich das Bild, das du am häufigsten in deinem Kopf hast, irgendwann in physischer Form oder als Umstand verwirklicht.

Fällt es dir schwer, dein Ziel zu finden? Falls ja, überlege dir einfach, was du nicht haben möchtest und stelle es dir besser vor! Das hilft manchmal, wenn man schon gar nicht mehr weiß, was man will!

Kreative Denkübungen zur Erreichung deiner Ziele

Finde einen ruhigen Ort, an dem du allein und völlig entspannt sein kannst. Lass deinen Körper ganz leicht werden und deine Gedanken frei fließen. Wenn sich dein Kopf klar und frei anfühlt, lass innere Bilder vor deinem geistigen Auge aufsteigen. Bilder, die zeigen, dass du dein Ziel bereits erreicht hast. Mache dir bewusst und spüre hinein, wie du dich bei der Erreichung deines Zieles fühlst. Fühle den Stolz, die Freude, die Erleichterung und die

Dankbarkeit, nachdem du das zuvor gesetzte Ziel erreicht hast.
Wenn du das Gefühl hast, dass du dein Wunschziel klar und deutlich visualisiert hast, dann bringe dein innerliches Bild zu Papier. Fertige eine detaillierte Bildbeschreibung deines im Geiste und mit dem Herzen kreierten Bildes an.

Wenn du dein großes Ziel hast, überlegst du dir anschließend das erste Teilziel!

Ein Teilziel ist etwas, was du als nächstes erreichen möchtest! Lege es jetzt für dich fest, um deinem großen Ziel ein Stück näher zu kommen!

Mit dieser Vision machten andere Frauen sich auf den Weg! Sie formulierten auch ihr Teilziel mithilfe der oben genannten Vorgehensweise. Hier ein paar aktuelle Beispiele aus der Businesspowerfrauen-Community.

Ich bin so glücklich und dankbar dafür, dass…

- ich spätestens am 30.11.20XX frei bin und mindestens XX Kunden generiert habe.
- ich ab sofort Geld magnetisch anziehe in Freude und Leichtigkeit.
- ich am 15.09.20XX beim großen Businesspowerfrauen-Mindset-Training dabei sein darf.
- ich bis spätestens 31.12.20XX 10.000,00 EUR auf mein Konto generiert habe.
- ich spätestens am 31.12.20XX vollkommen finanziell frei bin und glücklich und zufrieden lebe.
- ich ab sofort konzentriert und fokussiert positive Ergebnisse erschaffe.
- ich ab sofort positiv denke, meinen Fähigkeiten und mir vertraue.

- ich ab sofort vital, motiviert, entspannt und voller Freude und Leichtigkeit den Tag genieße.
- ich ab sofort in Harmonie mit meinen Kindern weiterlebe.
- ich ab sofort bei mir bleibe und meine Interessen vertrete.
- ich jeden Monat ein Kunstwerk verkaufe und meinen Kunden Freude bereite.
- ich an Weihnachten glücklich und zufrieden mit meiner Familie zu Hause lebe und feiere.
- ich ab sofort einen Job habe, indem ich glücklich bin. Bei dem ich Menschen helfen kann, Freiraum habe für Weiterbildung und meine Zeit frei einteilen kann.
- ich mich ab sofort schmerzfrei, ausgeruht, motiviert, selbstbewusst, frei und leicht fühle.
- ich ab Januar 20XX alle meine Verbindlichkeiten abgezahlt habe und finanziell frei bin in voller Freude und Leichtigkeit.
- ich ab sofort in voller Freude und Liebe die Beziehungen zu anderen Menschen genieße.
- ich bis spätestens Dezember 20XX meinem Herzenspartner begegne, erkenne und unsere erfüllte Beziehung beginnt.
- ich bis spätestens Juni 20XX mein Haus gefunden habe und darin lebe.

Was ist dein nächstes Teilziel, das dich zu deiner großen Vision bringen wird?

Schreibe es dir auf und trage dies immer bei dir, um dich darauf einzustimmen!
Dies ist der Beginn für dein Wachstum, für deine Veränderung. Schreib das wirklich für dich jetzt gleich hier rein. Nimm dir diese fünf Minuten und frage dich nur, was du willst. Überlege nicht was möglich ist, sondern frage dich wirklich nur, was willst du, wenn alles möglich wäre, und schreibe dies hier auf!

Ich bin so glücklich und dankbar dafür, dass…

Hier das nächste Teilziel schriftlich festhalten:

- ich ein Aranh-Suchig mache
- ich beim Kraus ein Event veranstalte
- im März 6000,- € verdiene
- dass ich die SSPO-Outdoor Fotografie

KÖNIGREICH „ICH“

„Als ich mich auf den Weg machte, erkannte ich plötzlich, dass alles schon immer da war, ich es nur nicht hatte!“
Anne-Kristin Holm

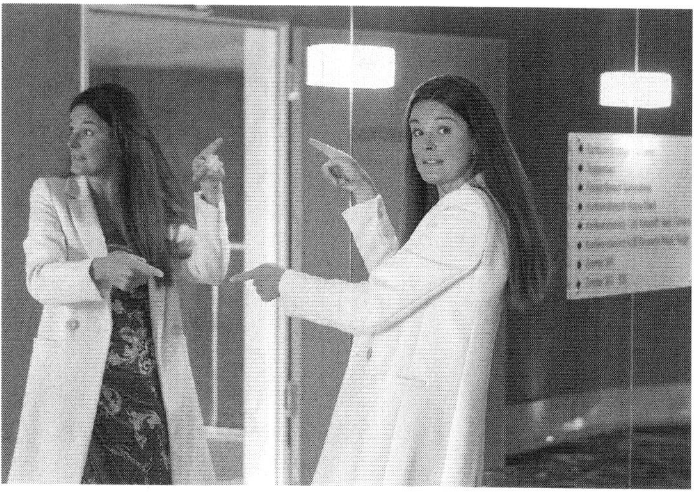

Wir brauchen nicht mehr Wissen, um besser zu handeln. Wir müssen einfach wirklich nur damit anfangen, die Dinge zu tun, die wir schon kennen.

Ich zum Beispiel bin ein Lehrerkind und komme aus einer Familie, in der Bildung und Wissen einen hohen Stellenwert hat. Demzufolge war ich als Kind bemüht durch gute Schulnoten zu glänzen und definierte meinen Wert nur über die schulischen Leistungen. Das erkannte ich später für mich und fühlte mich viel, viel freier und begann endlich das Leben zu leben, das ich wollte, als ich diesen Leistungsdruck loslassen konnte.

Die meisten von uns stehen täglich vor denselben Aufgaben und Herausforderungen. Wir tun Dinge, die wir gar nicht tun wollen und bekommen Ergebnisse, die wir gar nicht haben wollen. Seltsamerweise tun wir dennoch diese Dinge.

Zum Beispiel übergewichtige Menschen, die abnehmen möchten, greifen weiterhin zu ungesunden Lebensmitteln. Menschen, die liebend gern mit dem Rauchen aufhören würden, zünden sich regelmäßig ihre Zigaretten an.

Mütter lieben ihre Kinder, aber …

Das „Warum" und die Paradigmen

Wir wissen, wie es besser wäre, aber tun es nicht und wissen nicht **WARUM**.

Warum tun wir kontinuierlich Dinge, die nicht die gewünschten Ergebnisse liefern? Die Ursache unserer Probleme liegt in den **PARADIGMEN**. Sobald du weißt, was es bedeutet, wird sich dein ganzes Leben ändern. Ein Paradigma zu ändern, wäre so, als würde man den Drehzahlregler eines Autos entfernen. Obwohl das Auto genug PS unter der Motorhaube hat, um mit 200 km/h zu fahren, wird es sich allerdings mit dem deaktivierten Drehzahlregler maximal mit 60 km/h fortbewegen. Paradigmen sorgen dafür, dass der Mensch mit maximal 60 km/h agiert, obwohl er über unbegrenzte PS verfügt. Wir kommen nie an die Geschwindigkeit heran, mit der wir fähig sind, zu agieren. Denk dran: Edison sagte, wir würden uns selbst in Erstaunen versetzen.

Ist es dir manchmal ein Rätsel, wie jemand mit durchschnittlicher Intelligenz herausragende Ergebnisse erzielt? So löst du das Rätsel: Diese Person hat entweder bewusst oder unbewusst das Paradigma geändert, welches sie dazu befähigt diese Ergebnisse zu erreichen. Wenn du dir bewusst bist, wie dein Paradigma funktioniert, kannst du anfangen, deine Ergebnisse zu kontrollieren und deinen Zielen nachzugehen. Gelernt bei Bob Proctor, veranschaulicht diese Darstellung sehr schön das unbewusst stattfindende Dilemma ähnlich einem Teufelskreis:

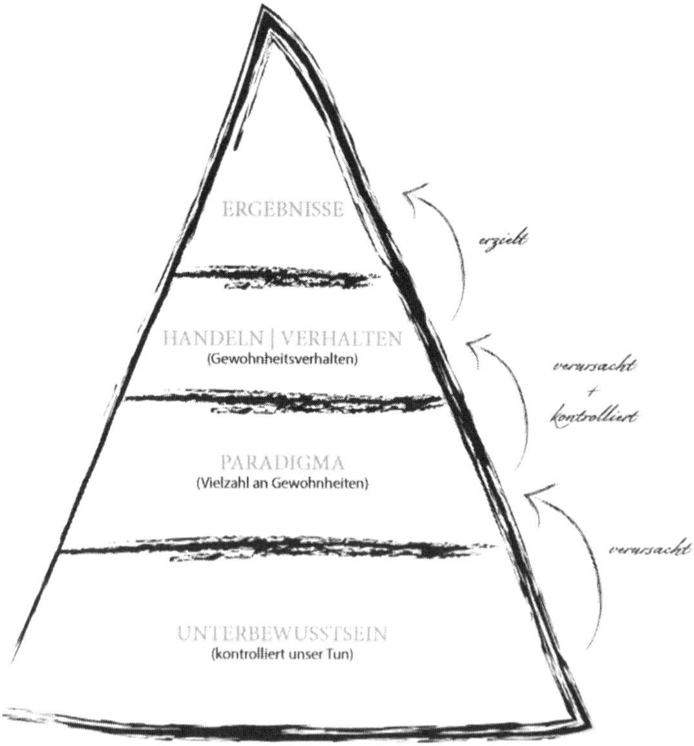

Dieses Buch hat das Potenzial ein Wendepunkt in deinem Leben zu sein. Mit wenig Einsatz kannst du die Effizienz - teils um ein Vielfaches - steigern. Jetzt musst du einfach nur dein altes Paradigma überschreiben und deine Effizienz wird immens gesteigert. Vergiss aber nicht, wie stark Paradigmen sind. Sie können dir ausreden, das zu tun, wozu du dich gerade entschlossen hast.

Hier kommt das Dranbleiben, die Ausdauer ins Spiel. Du brauchst Ausdauer, um von deiner jetzigen Situation zu der Freiheit zu gelangen, die es dir ermöglicht, losgelöst vom Paradigma, wieder Kontrolle über dein Leben zu erlangen. Jetzt geht es wirklich los!

Du musst für deinen Erfolg nicht intelligent sein und du musst nichts Neues mehr lernen, wenn du bereits der Welt etwas zu geben hast! Das entscheidende, was dich vom Erfolg abhält, ist dein Paradigma, dein Glaubenssystem, deine Einstellung oder nenne es deine gewohnten Denkweisen oder deine gewohnte Logik. All das, was du denkst und glaubst, hast du unbewusst übernommen. Wir Menschen glauben unterschiedliche Dinge. Ich meine hier mit Glauben keine Religion. Zum Beispiel habe ich gerade im ADAC Magazin gelesen, wie eine Richterin schildert, dass sogar im Gerichtssaal manche Menschen der festen Überzeugung sind, dass sie richtig handeln, weil sie fest glauben, das sei in diesem Fall in Ordnung. Sie sprach das Beispiel eines Radfahrers an, der bei Rot über die Ampel fuhr und der festen Überzeugung war, das sei für ihn Ordnung: „Schließlich habe er vorher nach links und rechts geschaut“. Dieser Radfahrer hat in seinem Glaubenssystem richtig gehandelt und ließ sich nur schwer überzeugen, dass er sich auch als Radfahrer an die Regeln halten muss. Vielleicht kennst du das auch von dir, dass du manche Sachen anders auslegst, als andere Menschen!

Besonders vorsichtige und ängstliche Menschen haben ein Glaubenssystem entwickelt, welches ihnen nicht leicht erlaubt zu wachsen! Das Übergehen der Sorgen und Ängste kostet sie so viel Kraft, dass sie es nicht lange aushalten. Falls dir das etwas bekannt vorkommt, dann frage dich mal: „Was glaube ich eigentlich alles, dass es so ist, obwohl es vielleicht nur bei mir so ist?“ Wir setzen uns unsere Grenzen selbst, durch das, was wir denken, wie es ist! Aber wie kann ich das erkennen, fragte ich mich! Wie, wie, wie?

Alles, was du tun musst, ist offen zu sein. Sei offen für die Dinge, die du hier liest, dann kannst du alles in deinem Leben verändern. So wie es die vielen Workshopteilnehmerinnen und Online-Kurs-Teilnehmerinnen erleben durften, wirst du es auch über dieses Buch erleben. Nutze deinen freien Willen und sei offen. Dein Unterbewusstsein wird die Dinge aus dem Buch so aufnehmen, dass du auch ins Handeln kommst, wenn du dafür offen bist und die Dinge für dich aufnimmst

Spür mal in dich hinein, wie fühlt es sich an zuzulassen, dass dein Leben bereits nächstes Jahr ein komplett glückliches und zufriedenes Leben sein wird. Stell dir mal so richtig vor, mit welchen Menschen du nächstes Jahr um diese Zeit zusammen sein möchtest und wo du dich sehen kannst?

Stell dir mal vor, wo du gerne sein würdest an diesem Tag in deinem neuen Leben in einem Jahr! Was wäre alles möglich ganz ohne Grenzen!

Deine ganz persönliche Ausarbeitung für deinen Erfolg

Dies ist eine Übung, die ich bei Bob Proctor kennenlernen durfte und die mir sehr geholfen hat:

1. Denke an irgendwelche Situationen, bei denen du nicht die Ergebnisse erzielt hast, die du wolltest. Beschreibe diese Situationen so detailliert wie möglich.
2. Beschreibe nun dieselbe Situation so, wie du sie gerne wirklich wolltest, und beschreibe die Situation in der Gegenwart.
3. Überfliege deine Ergebnisse noch einmal und markiere alle Gewohnheitshandlungen, die du in beiden Punkten beschrieben hast! Jetzt unterteilen wir deine Handlungen in nicht produktive Handlungen (NPH) und in produktive Handlungen (PH). Wie du dir sicher denken kannst, ist das Ziel nun alle NPH´s in PH´s umzuwandeln. Es ist wichtig, dass du in dieser Übung deine Handlungen sehr objektiv betrachtest, also mit Abstand, wie eine Lehrerin, die eine Klassenarbeit korrigiert. Erkenne also alle NPH´s und beschreibe sie so detailliert wie nur möglich. Gleich danach erkenne und beschreibe so detailliert wie möglich deine PH´s.
4. Frage dich nun: „Wenn ich alle NPH´s in PH´s umwandele, würde ich dann die Ergebnisse bekommen, die ich möchte?“

Sprich nun alle deine PH´s auf ein Video oder einer App auf und höre dir diese täglich mindestens zweimal an! Das ist übrigens die wirksamste und einfachste Methode dein Unterbewusstsein auf Erfolg einzustellen! Mach es für dich! Glaube mir, es hat bei mir alles verändert! Tu es für dich und deine Kinder! Probiere es wenigstens eine Woche lang aus, dann kannst du es immer noch lassen!

Einmal bitte kurz tief durchatmen!

Prima, ich finde es großartig, dass du immer noch dabei bist. Ich möchte dir erzählen, dass ich alleine durch diese Übung meine Ziele und Schritte zum Erfolg wirklich erreichen konnte. Ich habe es zu einem großen Teil dieser Übung zu verdanken, dass ich mich wirklich auf das fokussieren konnte, was ich will! Ich konnte sozusagen das was nicht klappte, so positiv vor mir sehen, dass es irgendwann mit Leichtigkeit klappte, einfach aus dem Unterbewusstsein heraus, ohne Anstrengung! Es wurde mit dieser Übung für mich von Tag zu Tag in jeder Hinsicht besser und besser! Ich sage dir das an dieser Stelle, damit du noch mal für dich prüfen kannst, ob du dir wirklich alle Ziele und produktiven Handlungen gut aufgeschrieben hast und somit ebenso verinnerlichen kannst!

Meine Teilnehmerinnen in meinen Workshops und Online-Kursen frage ich zu Beginn immer nach ihren großen Zielen und lasse sie das richtig spüren mithilfe einer Methode, die es leicht macht dieses Ziel zu sehen, zu fühlen und gleich im Unterbewusstsein fest zu verankern. Wir richten sozusagen das Unterbewusstsein gleich auf das persönliche Ziel aus! Weil das so einfach und spannend ist, habe ich hier für dich zur Inspiration verschiedene Wunschorte zusammentragen.

Hier ein paar Beispiele aus der Businesspowerfrauen-Community:

Mein idealer Wunschort in meinem Wunschleben

- Ich lebe am Meer und spüre die frische Luft, rieche das salzige Wasser und genieße die Sonne und die Ruhe!
- Ich bin in meiner Wohnung, diese ist wunderbar perfekt gestaltet. Ich schau über die Dächer der Stadt. Ich habe viele Pflanzen und Blumen um mich.
- Ich sehe mich in meinem Haus am Wasser mit ganz viel Natur und im Hintergrund sind die Berge. Es scheint die Sonne. Ich rieche die Natur. Ich bin in einer hellen und freundlichen Umgebung und habe liebevolle Menschen um mich.
- Ich sehe mich an einem Lagerfeuer sitzen, mit meinem Wohnmobil in der Natur. Ich spüre die Freiheit. Ich bin unterwegs mit meiner Partnerin und wir genießen die Natur und das Wandern.
- Ich sehe mich in Spanien am Meer, liege neben dem Pool auf einer Liege und einige Menschen sind um mich herum. Es ist sonnig, warm, ruhig und ich bin sehr glücklich.
- Ich sehe mich in einer großen Halle, wo ich mit meinen Kindern stehe, es ist eine Veranstaltung mit lauter glücklichen Menschen. Ich trage ein rotes langes Kleid, habe ein Sektglas in der Hand und bin einfach glücklich.

- Ich bin in einem sonnigen Landhaus mit blühendem Garten. Ich lebe in einer erfüllten Partnerschaft und sehe mich mit meinen Kindern.

- Ich sehe mich in einem großen Haus mit einer riesigen Küche mit einem Backofen und es riecht nach frischem Brot und Kuchen.

- Ich sehe mich mit schulterlangem Haar am Meer in einer hellblauen Jacke und trinke einen Kaffee am Strand. Ich bin zufrieden, weil alles läuft und ich mehr Zeit für mich genießen kann!

- Ich sehe mich in der Küche wie ich telefoniere. Alles ist hell und freundlich. Meine Familie ist unterwegs und ich genieße die Zeit für mich und telefoniere mit meinen Kunden.

  Ich sehe mich am Strand auf Ibiza mit wenigen Menschen. Ich tanze am Strand und genieße diese Freiheit, das neue Lebensgefühl.

- Ich bin in meinem Haus mit einer großen Terrasse, mit Spielplatz und vielen Menschen um mich herum. Es riecht nach Kaffee und wir haben alle viel Spaß!

- Ich sehe mich vor einer großen Menschenmenge. Es fließt sehr viel Liebe. Ich bin auf einer Weltreise und ich schwimme mit den Delfinen im Meer. Es wird an jedem Ort besser. Ich spüre so viel Liebe und berühre die Menschen an jedem Ort.

- Ich bin in einem Haus mit warmen Boden und großen Fenstern. Ich sehe einen schönen Garten mit farbigen Blumen und alles ist hell und freundlich.

- Ich lebe in meinem Haus und habe täglich eine Haushaltshilfe. Ich habe noch einen zweiten Wohnsitz, da wo es warm ist. Ich unterstütze viele Projekte und bin gern mit meiner Familie und meinen Freunden in meinem Haus und im Garten oder am Meer.

- Ich sehe mich an einem vertrauten Ort im Sommer und mache einen Spaziergang auf einer Insel. Ich sehe grünes Wasser, ich habe einen Hund dabei und bin unglaublich glücklich.

- Ich sehe mich in meinem Büro, es ist heller und ich sehe mich meine Kunden betreuen und Rechnungen schreiben. Auf meinen Schreibtisch steht ein Blumenstrauß mit Lavendel.

- Ich sehe mich in einem Haus mit Garten und wir haben eine große Feier. Wir grillen und feiern die Erfolge der Firma.

Und jetzt bist du dran,…

schreibe du gleich mal auf, was dich inspiriert hat, oder was du denkst, könnte dein Traum sein von einem Leben, wo du das Gefühl hast, das will ich haben.

Prima, bedanke dich bei dir, dass du das für dich schreibst und atme einmal tief ein.

Stell dir schon jetzt vor, wie du in einem Jahr da wieder reinschaust und dich freuen kannst, dass es mit dieser einfachen Ziel- und Wunschfestlegung hier aus diesem Buch gestartet ist. Schreib dir das wirklich auf, nimm einen Zettel oder deine Handynotiz. Du wirst so eine Freude haben, da in einem Jahr wieder reinzuschauen!

Spür mal in dich hinein, wie fühlt es sich an zuzulassen, dass dein Leben bereits nächstes Jahr ein komplett glückliches und zufriedenes Leben sein wird? Stell dir mal so richtig vor, mit welchen Menschen du nächstes Jahr um diese Zeit zusammen sein möchtest und wo du dich sehen kannst. Stell dir mal vor, wie dein Tagesablauf wäre an diesem Tag in deinem neuen Leben in einem Jahr! Was wäre alles möglich ganz ohne Grenzen! Und jetzt gehe mal einen Schritt weiter. Stell dir mal vor, du hast deinen Lebenstraum erreicht und frag dich mal, wie der Tagesablauf aussehen würde in deinem „neuen Leben".

Ich habe hier für dich verschiedene Wunsch-Tagesabläufe zusammengetragen aus meinen Gesprächen mit meinen Kunden meiner Workshops. Hier ein paar aktuelle Beispiele aus der Businesspowerfrauen-Community.

Mein idealer Tagesablauf in meinem Wunschleben

- Ich schlafe länger, frühstücke und erledige Dinge im Büro. Ich habe Kundentermine, Mittagessen und mache Sport am Nachmittag. Den Abend lasse ich stressfrei mit meinem Partner ausklingen.

- Ich starte mit meinen Yogaübungen in den Tag! Ich arbeite mit Frauen und habe meine Termine. Ich habe Zeit für lange Spaziergänge. Ich habe eine Freundin zum Kaffee da und lasse den Abend mit meinem Partner am Kamin ausklingen.

- Ich stehe früh auf und bringe die Kinder zum Bus. Die Haushaltshilfe macht schon alles sauber und kocht für uns. Ich mache mein Business und die Kinder kommen mittags von der Schule heim. Wir gehen raus auf den Spielplatz oder wandern eine Runde. Wir kommen heim, die Wohnung ist sauber und der Papa ist schon da. Wir spielen was zusammen und hüpfen in den See und schwimmen. Abends essen wir in Ruhe gemeinsam daheim.

- Ich wache früh auf und freue mich auf den Tag. Ich habe viel Zeit und sitze froh in der Küche und freue mich auf meinen Kaffee. Ich habe ab 11:00 Uhr meine ersten Kundentermine und gehe anschließend mit einer Freundin zum Mittagessen. Abends besuche ich einen Kurs und schreibe noch entspannt an meinem Buch oder einen Artikel.

- Ich stehe 05:30 mit dem Sonnenaufgang auf und mache in Ruhe meine morgendlichen Rituale. Ich nehme mir die Zeit und plane meinen Tag und habe Zeit etwas zu lesen über den Sinn des Lebens. Ich frühstücke mit meinem Partner und wir besprechen, was wir heute gemeinsam am Business arbeiten. Zur Mittagspause kochen wir abwechselnd oder gehen mit Freunden essen. Danach machen wir vielleicht einen Spaziergang oder ein Powernap. Anschließend arbeiten wir weiter an unserem Herzensbusiness und helfen so vielen Menschen wie möglich.

- Ich stehe früh auf in einem Hotel und bereite mein Seminar vor. Ich frühstücke und empfange die ersten Teilnehmer. Ich sehe Boote auf dem Meer und gehe mit den Teilnehmern raus. Wir haben alle zusammen einen wundervollen Tag und alle fühlen sich wohl. Den Abend lassen wir an der Strandbar ausklingen!

- Ich stehe auf und gehe ins Meer. Anschließend trinke ich meinen Kaffee und schreibe in mein Dankbarkeitsbuch. Ich führe mit Menschen, die bei mir leben, meine Kurse durch, verbringe mit ihnen viel Zeit im Garten und esse mit ihnen. Ich genieße den Sonnenuntergang im Garten mit netten Menschen und esse abends in einem Restaurant.

- Ich schlafe bis 06:00 Uhr und stehe gut gelaunt auf. Ich gehe mit dem Hund raus und habe ein Büro im Haus mit Mitarbeitern, die Terminabsprachen machen. Ich plane meine nächsten Vorträge und mache dann Mittagessen mit meinen Mitarbeitern. Abends arbeite ich etwas in meinem Garten und genieße die Ruhe und die Natur.

Und jetzt bist du dran,…

schreibe du gleich mal auf, was dich inspiriert hat, oder was du denkst, könnte dein Tagesablauf sein von einem Tag, wo du das Gefühl hast, das will ich so haben.

Bitte nimm dir die Zeit und stell dir mal deinen Tagesablauf vor, wie du ihn gern haben willst, nicht wie es momentan möglich ist! Denke dran, wie willst du es haben? Prüfe noch mal deinen Wunsch-Tagesablauf und schaue, ob es dir wirklich so gefällt!

Ich gratuliere dir, jetzt bist du schon ganz schön weit gekommen! Ja, du hast jetzt ein Ziel. Du hast eine Vorstellung von deinem Traumleben und deinem Traumtagesablauf. Jetzt kommt das BESTE, du kannst das alles haben.
DU musst noch nicht einmal wissen, wie das jetzt in dein Leben kommen soll. Es passiert einfach, wenn du drei Dinge beachtest!

Komm in deine Kraft

Vergib dir und allen Menschen im Leben, die dich verletzt haben. Ich weiß, das ist sehr schwierig und sagt sich so leicht. Tu es! Ich sage dir auch, warum dies so wichtig ist! Damit du dein Ziel in Leichtigkeit erreichst, benötigst du viel Energie und gute Laune. Wenn du weiterhin andere Menschen verklagst und innerlich ablehnst, oder sogar dich verklagst und bewertest, dann kostet das zu viel Kraft und Energie. Das ist genau die Kraft, die du benötigst, um in Freude und Leichtigkeit dein Leben neu auszurichten, dein Business aufzubauen oder einen Umzug zu planen. Also vergib dir und allen Menschen, die dir jemals das Herz gebrochen haben oder dir geschadet haben.

Komm in deine Energie

Spüre tiefe Dankbarkeit für alles, was ist, was war und was sein wird. Spüre Dankbarkeit für deine Fehler und für all die Dramen in deinem Leben. Vertraue dem Leben, dass alles zu etwas gut ist.

Atme ganz tief und langsam und lies aufmerksam:
„Ich bin gut so, wie ich bin! Ich vertraue meiner Intuition. Das Leben sorgt für mich! Es wird alles zu meinem besten Wohle passieren. Ich akzeptiere mich. Ich respektiere mich. Ich liebe mich!
Es wird ab jetzt jeden Tag in jeder Hinsicht besser und besser. Es wird jeden Tag in jeder Hinsicht besser und besser.

Hast du das wirklich aufmerksam gelesen mit einer innerlichen liebevollen Stimme? Was macht das mit dir? Kommst du ins Vertrauen, dass du es auch schaffen wirst?

Wenn nein, lies es bitte noch einmal richtig langsam und kaufe es dir wirklich ab:
„Ich bin gut so, wie ich bin! Ich vertraue meiner Intuition. Das Leben sorgt für mich! Es wird alles zu meinem besten Wohle passieren. Ich akzeptiere mich. Ich respektiere mich. Ich liebe mich! Es wird ab jetzt jeden Tag in jeder Hinsicht besser und besser. Es wird jeden Tag in jeder Hinsicht besser und besser."

Kleiner Tipp zum Dankbarkeitsbuch, das viele Menschen schreiben und weiterempfehlen. Ich habe es nicht schriftlich gemacht, möchte es dir aber empfehlen, wenn du gerne schreibst. Ich kann mir vorstellen, wie schön es ist, wenn du abends deine fünf Dinge der Dankbarkeit in ein Buch schreibst, wofür du dankbar bist und wenn du am Morgen gleich wieder da reinschaust und wieder in diese liebevolle Stimmung kommst! Das ist auch nichts Neues, die Frage ist nur: Kann ich es durchhalten oder gibt es eine andere Möglichkeit, dies täglich zu tun? Ich zum Beispiel habe mich im Februar 2019 committet in meiner Facebook-Gruppe jeden Morgen live eine Dankbarkeitsübung zu machen, weil ich mich bewahren wollte vom „sein lassen“! Ich habe es wirklich durchgezogen. In den Sommerferien machte ich eine 6-wöchige Pause und merkte direkt, wie meine Energie nach unten ging. Ich merkte wirklich, wie ich wieder mehr Ängste hatte und sozusagen einen richtigen Rückfall hatte! Durch meine Übungen jeden Morgen mit meinen Facebook-Mitgliedern richtete ich mich positiv aus. Das Schöne dabei ist, dass ich es für mich und für meine Gruppenmitglieder tat. Wir sind so eng miteinander verbunden, schwingen uns gegenseitig hoch und nehmen neue Mitglieder direkt mit!

Schau gern mal rein!
www.facebook.com/groups/businesspowerfrauen

Komm in deine Motivation

Jetzt wird es noch spannender. Stell dir mal vor, wie sich dein Leben entwickeln wird, wenn du die nächsten fünf oder zehn Jahre nichts änderst? Was wird sich verschlechtern? Wie wirst du altern? Wie wirst du dich fühlen? Wie wird sich deine Lebensversion schlimmstenfalls entwickeln, wenn sich nichts ändert in deinem Leben? Zu welcher Frau wirst du werden, wenn du deine Ziele nicht angehst? Was wäre dein größter Schmerz, der eintreten würde?

Ich habe hier für dich verschiedene Horrorszenarien aus meinen Gesprächen mit meinen Kunden meiner Workshops und Online-Coachings zusammengetragen, damit du ein Gespür dafür bekommst und deinen Albtraum besser finden kannst:

Krankheit, Stress, Abhängigkeit vom Mann, Schulden, Frustessen,

Versagensängste, Gewichtszunahme, Depression, Lebensangst, Existenzangst, Erschöpfung, Leistungsdruck, unglücklich, Burn-out, Nervenbündel, verbitterte Frau, Einsamkeit, Altersarmut, Kontakt zu Kindern geht verloren, muss mein Haus aufgeben, muss meine Tiere abgeben, muss weiter schwere Arbeit machen, Rückenschmerzen, kann meine Kinder nicht unterstützen, Schlaflosigkeit, Krankheiten, Antriebslosigkeit, keine Lebensfreude mehr, keine Motivation, alles kostet viel Kraft, sozialer Abrutsch, Bürojob weitermachen müssen, Zweifel mir gegenüber werden noch schlimmer, keine Zeit für mich und meine Kinder, das schlechte Gewissen wird immer größer, keine Wertschätzung von meinen eigenen Kindern, Selbstwertgefühl sinkt …

Bitte nimm dir die Zeit und stell dir mal deine Horrorszenarien vor, wie sich dein Leben entwickeln könnte, wenn alles so weiterlaufen würde!

Jetzt wird es noch viel spannender. Stell dir mal vor, wie sich dein Leben entwickeln wird, wenn du die nächsten fünf oder zehn Jahre etwas änderst? Was wird sich verbessern? Wie wirst du altern? Wie wirst du dich fühlen? Wie wird sich deine Lebensversion verbessern?

Ich habe hier für dich verschiedene „freudige Vorstellungen" aus meinen Gesprächen mit meinen Kunden zusammengetragen:

Reisen, Freiheit, Unabhängigkeit, endlich über mein eigenes Geld bestimmen zu dürfen, endlich mein eigenes Geld verdienen und ausgeben ohne Rechtfertigung, in einem Haus am Meer wohnen, würdevolles Leben, Theater, Musical, Ausgehen, essen gehen, Enkelkinder unterstützen, Tierschutzprojekte unterstützen, Seminare besuchen, Weiterbildung genießen, mehr Zeit mit den Kindern zu haben, mehr Zeit für mich zu haben, schöne Momente auskosten, Wohnung renovieren, spontan Auszeiten nehmen dürfen, Musik

machen können, in einem Haus leben mit Blick auf Berge und See, Naturschutz unterstützen können, meinen Beitrag leisten können, mit dem Wohnmobil unabhängig unterwegs zu sein, Urlaub machen können mit der Familie, Massagen und Friseurtermine, Wellnessreisen, mich gesünder ernähren können, mehr Sport machen können, mehr Lebenslust, Lebensfreude, mehr innere Ruhe zu haben, besser zu schlafen, stolz auf mich zu sein, mich zu entwickeln und zu entfalten, meinen Lebenssinn zu leben,
mit Geld angstfrei umgehen und mit Freude ausgeben, Sicherheit spüren, „Ich sein dürfen", mehr Selbstbewusstsein, Freunde öfters einladen, Vorbild für andere sein, mehr Wertschätzung erfahren, ruhiger leben können, ich bin mehr in der Freude …

Bitte nimm dir die Zeit und stell dir mal deine beste Entwicklung vor, wie es sich entwickeln würde, wenn du deinem Leben ab sofort eine Veränderung geben würdest.

Jetzt bist du bereit, dein Ziel, deinen Lebenstraum zu manifestieren. Das heißt, du lässt das „Gesetz der Anziehung" für dich arbeiten. Du schwingst dich nur in dein Ziel ein und die Dinge werden sich dir zeigen. Du musst jetzt noch nicht wissen, wie du das Ziel erreichen wirst. Das ist das Spannende bei der Geschichte. Ich erinnere dich daran, dass ich dich bat, offen zu sein. An dieser Stelle darfst du dir vertrauen, dass du dein Ziel wirklich erreichen wirst, weil du gut bist, wie du bist. Du wirst es erreichen, weil jetzt endlich Schluss ist mit dem Drama, dem Schmerz und dem Mangel. Du wirst es erreichen, weil es dein Geburtsrecht ist in Fülle und Freiheit zu leben. Du wirst es erreichen, weil du ein großes „Warum" hast und ein Ziel im Leben. Schau noch einmal zurück auf dein Ziel! Wollen wir das Ziel jetzt manifestieren? Glaubst du dir wirklich selbst, dass du es schaffen wirst? Auch, wenn du noch nicht weißt wie?

Prima, dann suche dir einen ruhigen Platz und stelle sicher, dass du für dreißig Minuten ungestört bist!

Wenn du bereit bist, manifestiere dein Ziel mithilfe einer Meditation:

***Die Meditation findest du auf der Homepage:* www.anne-kristin-holm.com**

Und dann mach dich einfach auf den Weg, sei jeden Tag positiv, denke und fühle dein Ziel! Doch so einfach ist es leider nicht, wie es sich auch in der Erfolgsgeschichte bei meiner Kundin Manuela Knott gut zeigt. Ich schreibe diese Geschichte aus der „Ich" Perspektive, damit du dich als Leser auch besser einfühlen kannst:

Mein Wunsch ist es, einen Beitrag für unsere Kinder und Familien der heutigen Zeit zu sein: Raus aus den ständigen Sorgen und Kämpfen → Rein in die Familienharmonie.

Ich habe 2005 meine Ausbildung zur Erzieherin abgeschlossen und habe jetzt vierzehn Jahre mit Kindern und Jugendlichen viele Erfahrungen sammeln dürfen. Mein Schwerpunkt sind Kinder im Alter von 6-10 Jahren. Da ich in den letzten Jahren stark gemerkt habe, dass unsere Kinder und deren Familien unter einem enormen Druck stehen, und einige schon schwerwiegende Krankheitsbilder wie Depressionen entwickelten und auch schon in so jungen Jahren nur funktionieren müssen. Auch da die Rahmenbedingungen im Erzieherdasein es nicht zulassen, gut auf jedes einzelne Kind eingehen zu können, beschloss ich den systemischen Coach und Berater und auch gleich den systemischen Kinder- und Jugendcoach zu absolvieren, um ein noch viel größerer Beitrag für unsere Kinder zu sein.

Mein großes Warum: Ich möchte endlich wieder in strahlende Kinderaugen blicken und dass sich jedes Kind so entwickeln kann und darf, wie es für das Kind gut ist. Vor allem habe ich aber auch gemerkt, dass ich selbst ganz stark an meine eigenen Grenzen kam: eine Gruppe von 25 Kindern leiten, To–do´s abarbeiten, Personalmangel, Überstunden und und und ...
Die chronische Erschöpfung brach über mich herein und ich fiel für ein paar Wochen aus. Dies öffnete mir die Augen. Ich wusste, dass dies doch nicht alles sein konnte, denn ich wollte doch so viel mehr für unsere Kinder und auch für mich. Einfach selbstbestimmt und ortsunabhängig zu arbeiten, mehr Freizeit zu haben, richtig entlohnt zu werden und bei den Kindern nicht nur an der Oberfläche zu kratzen, sondern einfach komplett für sie da sein zu können. Leider ist es noch nicht in den Köpfen der Arbeitgeber angekommen, dass Kinder- und Jugendcoaching so wichtig und wertvoll ist. Und so suchte ich mir einen Coach, der mich begleitete, um mir ein Online-Business aufzubauen. Ich stehe noch am Anfang, aber ich weiß, dass es das Richtige ist. Seit 2007 war ich regelmäßig in Kenia und unterstütze da einen Pater, der Waisenkinder bei sich aufnahm und ich war seit Ende 2016 nicht mehr bei ihnen. Mit meiner Vision ortsunabhängig von jedem Ort aus Kinder, Jugendliche und deren Familien zu unterstützen, würde mir die Zuversicht bringen wieder öfter nach Kenia zu reisen, um dort bei den Waisenkindern zu sein. Sie beten für mich, dass ich bald wieder bei ihnen bin und wir eine tolle Zeit zusammen haben. Sie haben das perfekte Mindset, deshalb bin ich so gerne in Kenia bei den Kindern. Sie geben so viel zurück und sind so glücklich mit dem wenigen, dass sie haben.

Jetzt durfte ich an meinem Mindset arbeiten. Im Fokus

standen vor allem Entscheidungen, die es zu treffen galt und dafür loszugehen. Viele Erzieher sehen die gleiche Not, bei den Kindern und vorwiegend bei sich selbst. Man arbeitete nur noch und erholte sich am Wochenende von der anstrengenden Woche, um am Montag wieder einigermaßen fit zu sein. Wo blieb da das Privatleben und vor allem die Kinder – umgeben von solchen Pädagogen???

Ich war umgeben von vielen „jammernden" Erziehern, aber keiner unternahm irgendetwas dagegen, um da herauszukommen. So entschied ich, mich von allen negativen Energien abzuschotten, und fing an klare Worte im Team und auch im Umfeld auszusprechen. Durch einen Wechsel in eine neue Einrichtung wurde es um einiges leichter. Ich wurde mutiger und suchte mir bewusst Menschen, die positiv dachten, und dies wirkte sich sehr gut auf meine Gesundheit und auch auf meine Einstellung aus und somit in erster Linie auf die Kinder und deren Eltern. Positive Rückmeldungen kamen bei mir an und die Eltern der betreuten Kinder machten mir Mut, dass ich auf dem richtigen Weg bin, weil es um ihre kostbarsten Schätze – ihre Kinder – ging. Sie vertrauten mir immer mehr und die Ergebnisse wurden immer besser, die Kinder öffneten sich immer mehr und wurden auch mutiger und selbstbewusster und das wichtigste: Sie strahlten wieder. Sie hatten wieder Hoffnung, weil sie gesehen wurden. Deshalb ist es so wichtig, als gutes Vorbild voranzugehen.

Die nächste Entscheidung stand an und mein Entschluss stand fest: Ich reduzierte im Hauptjob meine Stunden und meldete mein Nebengewerbe an, damit ich im Hintergrund „mein Ding" aufbauen konnte. Und klar war es nicht einfach, weil ich im Moment durch die Stundenreduzierung nur so viel Geld habe, um gerade meine festen Kosten abdecken zu können, aber ich bin glücklich.

In meiner Facebook-Gruppe „Seelenheil: Glückliche Familie statt ständige Sorgen und Kämpfe“ startete ich mit kleinen Schritten. Auch, wenn noch keine zahlenden Kunden da sind, trainiere ich mich täglich um ein Beitrag in dieser Welt zu sein. Jeden Tag – in kleinen Schritten und immer mit dem Gedanken nie aufzugeben, weil ich weiß, für was ich losgegangen bin und ich im Vertrauen bleibe.

Da ich meine Ausbildungen zum systemischen Coach und Berater und systemischen Kinder- und Jugendcoach noch neben meiner Vollzeit-Festanstellung machte, kamen natürlich auch hier einige Herausforderungen auf mich zu: Ich war zu dieser Zeit in einer Beziehung und auch sehr glücklich. Da der Fokus aber in dieser Zeit auf mich und meine Zukunft gerichtet war, konnte mein Partner damit nicht umgehen und die Trennung stand an. Was natürlich ein Schock für mich war. Zum Glück war mein Warum so groß und meine Vision so stark, dass ich schnell wieder aus dem Loch herauskam und dadurch – mit noch mehr Energie als vorher – weiterging.

Ich glaube weiterhin an meine Vision und an mich. Das innerliche Gefühl von Freiheit, das mich sehr erfüllt. Als ich mitten im Aufbau meiner Facebook-Gruppe war, kam gleich die nächste Herausforderung. Meine Internetverbindung ging nicht mehr, mein Handy ging kaputt, meine Festnetzleitung war tot ... Was ist denn jetzt nur mit der Technik los?, dachte ich mir ...

Dann kam ich auf das „Murphy´s Komitee“, was ich bei YouTube fand und hörte es mir an und ja, dann wusste ich, jetzt werde ich geprüft, ob ich stark genug bin weiterzumachen und ich verstand ganz schnell, dass dies normal ist. Denn ich befand mich im Veränderungsprozess.

Ich blieb weiterhin im Vertrauen, umgab mich mit positiven Menschen, die auch Ähnliches erlebten und wir konnten sogar darüber lachen und uns gegenseitig aufbauen, um das Ziel nicht aus den Augen zu verlieren. Ganze acht Wochen dauerte es, bis schließlich auch die Technik wieder lief und ich online endlich loslegen konnte. Welch eine Freude.

Gute Musik half mir, ebenso mein Coach und besonders das Gruppencoaching, um täglich dran zu bleiben.
Mein Leben veränderte sich: Ich zog immer mehr positive Menschen in mein Leben, die Kinder meiner Gruppe machten gute Fortschritte und ich war glücklich und zufrieden. Mein seelischer und körperlicher Zustand verbesserte sich täglich und ich war nur am Strahlen und voller Freude.

Endlich kehrte bei mir innere Ruhe ein.

Die ersten Erfolge kamen mit Gruppenanfragen und auch vereinzelte Anfragen auf ein Familiencoaching.

Das Interesse ist da und auch die Not der Familien, was ganz klar in den E-Mails herauszulesen ist. Jedoch fand bis jetzt noch keine Buchung statt.

Hier ist mal wieder mein Mindset gefragt: nicht aufzugeben und dran zu bleiben. Ich bin guter Hoffnung, dass dies funktioniert, wenn ich konstant dran bleibe, positiv denke und im Vertrauen bleibe. Wie Anne so schön sagt, jetzt darf man die nächste „Terrorbarriere“ durchbrechen und dafür gehe ich jetzt los, um noch sichtbarer zu werden und auf mich aufmerksam zu machen. Denn die Kinder und Familien unserer Zeit brauchen gute Unterstützung und Begleitung und dafür bin ich da.

Sich auf den Weg machen ist das eine, aber auch auf seinem Weg bleiben ist das andere! Viele Menschen machen sich auf den Weg und biegen dann wieder irgendwo an einer Ausfahrt ab, wo man ihnen verspricht, da ist es leichter, bequemer und schneller. Ich möchte dir raten, dich immer auf dein Ziel zu fokussieren und immer an dich zu glauben. Du alleine bist die Macht und hast die Kraft, dein Ziel wirklich zu erreichen. Bitte gehe keine Ausfahrt, die dich nur ablenkt oder von deinem Weg abbringt.

Hier habe ich einige Beispiele von meinen Kundinnen aus meinen Coachings aufgeführt, wie sie es geschafft haben, bei sich zu bleiben und ihren Weg zu gehen!

Verschiedene „Warums", die Kraft gaben, um in die Veränderung zu kommen, zusammengetragen aus der Businesspowerfrauen-Community

- Ab jetzt geht es ausschließlich in MEINE Richtung.
- Ich wollte ein selbstständiges, gesundes und glückliches Leben führen.
- Nie wieder in so einer extremen Situation zu sein.
- Ich selbst.

- Weil ich unabhängig sein und von zu Hause arbeiten wollte. Meine Arbeitszeit selbst einteilen zu können. Und für Reisen Zeit haben. Auch für meine Gesundheit diese guten Produkte, Nahrungsergänzungsmittel, weiterzugeben und zu nutzen. An meinen Blockaden zu arbeiten und mir etwas zuzutrauen, das mich befriedigt und wertgeschätzt wird.

- Keine nervigen Kollegen, die alles besser wissen und können. Keine Urlaubsplanung mehr und genug Freizeit = Freiheit das tun zu können, was ICH möchte. Wann ich arbeiten möchte. Denn ich bin kein Frühaufsteher! Von daher möchte ich so frei und flexibel arbeiten können, wie ich möchte. Dabei meinen Klienten ein gutes Gefühl geben, dass sie es auch schaffen können ~ sich nebenbei ein Online-Business aufzubauen.

- Das Bewusstsein der Menschen zu schärfen, Eigenverantwortung für Ihre Gesundheit zu übernehmen.

- Meine beiden Töchter.

- Ich wollte die Gaben, die ich habe, wirklich zum Ausdruck bringen und ich wollte genug Geld verdienen, um ein würdevolles Leben auch später im Alter führen zu können.

- Ich möchte einfach nicht mehr, dass so viele Menschen ihre eigenen Kompetenzen, Interessen und Wünsche ein Leben lang hintanstellen, nur, weil sie dies als Glaubenssatz für sich irgendwann einmal abgespeichert haben. Es schmerzte mich immer so sehr, wenn ich dies bei meinem Gegenüber bemerkte und das hat mich motiviert, immer weiter dranzubleiben, zu erforschen, wie das kommt und wie man das ändern kann.

- Mein Job ist sehr anstrengend und geht auf die Knochen.

- Meine Sehnsucht nach mir selbst und eine Weltreise mit meinem Sohn zu machen.

- Der Winter in Deutschland und dann nicht hier sein zu müssen.

- Unabhängiger arbeiten zu können, mehr Zeit für meinen Mann und mich zu haben, freiere Zeiteinteilung zu gewinnen, spätestens 2021 vom Coaching leben zu können.

- Ich wollte meine Energiebilder in die ganze Welt senden, allen Menschen ermöglichen, davon zu profitieren. Vor allem in dem Moment, als ich entdeckt habe, dass meine Energiebilder die genialsten Heilbilder für verschiedene Situationen sind - immer noch bin ich auf dem Pfad, um neue Facetten von meinen Energiebildern zu entdecken.

- Ich sehe, wie wundervoll und leicht das Leben sein kann, wenn jeder Mensch voll in seiner Kraft und Freude wirkt. Und wie viel leichter ist es, das zu erreichen, wenn Kinder durch die feinfühlige selbstbewusste Unterstützung der Eltern stark gemacht werden. Statt das längst überholte und einschränkende Schulsystem zu bekämpfen, möchte ich Mütter dabei unterstützen, eine herzliche und motivierende Beziehung zu ihren Kindern aufzubauen, die die Entfaltung der Fähigkeiten, Talente und persönlichen Wachstum leicht geschehen lässt. Eine Begleitung mit Herz und Seele, die einen gemeinsamen Wachstum ermöglicht.

- Mein Warum kam aus der Situation heraus. Es war ja äußerlich die Veränderung da, jetzt konnte ich mich innerlich auch auf eine Veränderung einstellen. Mein Warum waren immer die Kinder und auch meine Gesundheit. Eigentlich profitierte seit dem Beginn der Ausbildung die ganze Familie davon, es sollte allen und mir gut gehen. Und wenn ich mir was in den Kopf gesetzt habe, dann verfolge ich das auch. Ich bin dann sehr zielstrebig und ehrgeizig, aber nicht verbissen. Ich wollte das schaffen, um mir und der Welt zu beweisen, ja, es ist möglich, auch mit 4 kleinen Kindern.

- Ich finde mein Ziel so inspirierend, es ist eine "Mission". Der Weg lässt mich täglich wachsen und das ist ein wundervolles Gefühl, das mich immer wieder inspiriert. Also: Mein Warum ist a) die Mission und b) die Freude am Wachstum und c) das Wissen, dass es einen Energieausgleich gibt.

Ein großes „Warum“ zu haben ist wirklich der Hauptantrieb auch für meinen Weg in die Selbstständigkeit gewesen. Mein großes „Warum“ waren meine Kinder. Gerade während ich diese Zeilen schreibe, erhalte ich wieder ein Bild mit Hunderten von Herzen von meiner Tochter Aylina. Da hab ich direkt wieder Tränen in den Augen, denn das ist es, was uns Menschen verbindet. Es ist die Herz-zu-Herz Verbindung, die wir haben und durch

Kleinigkeiten und nette Gesten uns zeigen! Durch meine Arbeit in der Vollzeitanstellung hatte ich meine Herz-zu-Herz Verbindung zu mir, meiner Familie und auch schon fast zu meinen Kindern verloren. Ich fühlte nur noch Schwere in meinem Leben. Zum Beispiel stand ich am Samstag auf mit dem Bedürfnis, mich zu erholen nach der 40-Stunden-Woche und betrachtete meine Wohnung und die ganze Hausarbeit, die auf mich wartete.

Ich fühlte mich bereits nach dem Aufwachen wie erschlagen und begann mit einer extremen Überwindung meine Wohnung schön zu machen, einzukaufen, die Wäsche zu machen, um mit meinen Kindern noch einen Ausflug machen zu können oder Freunde zu treffen. Das fühlte sich immer so schwer an für mich, aber ich wusste es nicht besser. Ich wusste nicht, dass ich diejenige bin, die sich diese Gefühle, Bewertungen und Belastungen selbst kreierte. Ich dachte wirklich, ich muss noch mehr arbeiten, noch einen Nebenjob annehmen und noch schneller sein, um endlich mehr Geld zu haben für mich und meine Kinder. Zum Glück gab es einen wunderbaren Coach namens Jean-Marie Bottequin, der es mit seiner bezaubernden Art schaffte, mir zu verdeutlichen, dass mehr in mir steckt als eine angestellte Abteilungsleiterin im Hotelmanagement. Er entfachte die Idee von der Selbstständigkeit in mir, beziehungsweise den Glauben daran, dass ich es tatsächlich erfolgreich aufbauen kann. Den Wunsch trug ich schon lange in mir, aber der Mut fehlte zur Handlung. Dank Jean-Marie Bottequin sah ich mich doch tatsächlich als Unternehmerin. Ich überlegte also nicht mehr lange und besuchte unterschiedliche Businesstreffs und organisiere meine eigenen ersten Vertriebler-Stammtische gemeinsam mit Jean-Marie Bottequin. Wir waren ein prima Team. Er bereicherte den Abend mit seinen Ausführungen zur Persönlichkeitsentwicklung, wovon ich wahrscheinlich am meisten profitierte. Ich bereicherte den Abend mit Vertriebsthemen wie XING, Pareto-Prinzip, Telefonakquise oder Verkaufsgespräche. Nach einiger Zeit wurde ich angefragt, um mit anderen Trainern gemeinsam Seminare zu geben, wo ich meine Erfahrung einbringen sollte. Die Trainer mussten mich mehrmals darauf ansprechen, dass sie mich dafür bezahlen wollen und ich ihnen doch endlich mal eine Rechnung schreiben sollte.

Da ich eine Riesenangst vor dem ungewissen Finanzamt hatte und nicht wusste, was auf mich zukommen würde, schob ich diesen Gang zum Gewerbeamt immer weiter hinaus! Es war wirklich so! Innerlich wollte ich es, aber die Angst vor dem Ungewissen war so groß, dass ich mein Gewerbe nicht anmelden wollte. Die Nachfrage von außen war aber so enorm, dass ich irgendwann dachte, „okay", dann probiere ich das jetzt mal!

Danach ging es natürlich schon los mit den monatlichen Anmeldungen der Umsatzsteuer. Ich kannte zum Glück einen Steuerberater durch die ganzen Businesstreffs, mit dem ich mich auf einen Kaffee traf und der mir Sicherheit gegeben und Mut gemacht hat! Er ist heute mein Steuerberater, der die komplette Buchhaltung für mich macht!

Was ich dir hier an der Stelle sagen möchte, ist, dass es leider oft nur unsere Angst vor dem Unbekannten ist, die uns zurückhält. Es ist wirklich traurig, im Nachhinein, was mir Jahr für Jahr entgangen ist. Wie viele Frauen hätte ich schon unterstützen können, wenn ich schon eher den Entschluss gefasst hätte, mich zu trauen! Vielleicht kennst du das auch?

Du machst dir so viele Gedanken um das Wie? und Was?, sodass es schon gar keinen Spaß mehr macht, überhaupt anzufangen. Wenn es einmal begonnen hat, ist es überhaupt nicht so schwierig gewesen. Und so war es dann auch bei mir! Ich habe begonnen und alles Nötige Schritt für Schritt gelernt. Ich habe natürlich nicht alles sofort gewusst und richtig gemacht. Zum Beispiel mit den Rechnungen meiner ausländischen Online-Kundinnen, aber alles war kein Drama! Es lief einfach! Die Ideen kamen, die Kunden kamen!

Dank einem Training bei einer der besten Agenturen für Online-Business, konnte ich mein Wissen auch als Online-Training für meine Kunden bequem von zu Hause aus anbieten und mehr Frauen helfen.

Die Workshops liefen langsam an und wurden mit jedem neuen Termin besser gebucht, weil es sich herumsprach und in den Online-Medien verbreitete. Ich möchte dir Mut machen, dass jede Idee, die in dir schlummert, einfach begonnen werden will! Vielleicht spürst du, dass du schon seit deiner Kindheit einen Traum hast, ihn aber nicht verwirklichen konntest. Bitte nimm all deinen Mut und gehe diese Idee an. Dies ist dein Feld, wo du dich verwirklichen kannst und das meist schon in der Kindheit zum Vorschein kam, aber durch die Schullaufbahn und Ausbildung nicht umgesetzt wurde.

Bei der Umsetzung werden immer mal Herausforderungen kommen, die du aber genauso meistern wirst, wie du bisher alles in deinem Leben gemeistert hast! Sei eine Meisterin, die übt und fange an. So wie auch meine Kundinnen anfingen, ihren Träumen nachzugehen und sich zu verwirklichen, kannst du das auch! Oft sind es dumme Glaubenssätze, die uns zurückhalten, die nicht mal uns gehören, sondern die wir einfach angenommen haben von fremden Menschen! Als Beispiel schildern hier einige Unternehmerinnen ihre Herausforderungen bei ihrem Aufbau der Selbstständigkeit.

Herausforderungen, mit denen verschiedene Unternehmerinnen zu kämpfen hatten aus der Businesspowerfrauen-Community

- Viele Blockaden die tief eingepflanzt wurden in Bezug auf Geld.

- Erst mir selbst helfen aus Depressionen und Panikattacken heraus. Pflege meiner Schwiegereltern. Dann, als ich mich teilselbstständig machte, mein Umfeld, das meine Ideen belächelte.

- Ich hab viele Interessen und einige Talente, ich bin oft sehr unsicher gewesen, welchen Weg ich verfolgen wollte.

- Ich startete von jetzt auf gleich mit einer Egoauflösung. Machte mich frei von Zwangsvorstellungen, hatte jedoch am meisten mit meinen Traumata zu kämpfen. Eine lange aneinandergekettete Folge von negativen Situationen, die meine Psyche nahezu zerstörten. Ich hatte viele Fehlschläge. Auch Fehlinvestitionen. Und lebte allein mit meinem Kind.

- Immer wieder dranzubleiben. Kontakte zu knüpfen. Wie bringe ich meine Story rüber. Wie bleibe ich authentisch und wie kann es leicht gehen, Leute davon zu überzeugen.

- Mein Premium-Angebot so zu kommunizieren, das jede Unternehmerin mich braucht.

- Die Technik mit Facebook, Sichtbarkeit.

- Trennung, auch von den Kindern (damals 9 und 13 Jahre alt), Einsamkeit.

- Wenig Zeit fürs Business wegen einem sehr fordernden Job, wenig bis gar keine Kenntnisse über Technik und Marketing, Selbstzweifel und Angst, in die Öffentlichkeit zu treten.

- Der Alltag. Menschen, die mich belächelten und nicht ernst nahmen. Die Begegnung mit Menschen, die felsenfest davon überzeugt sind, dass das Leben nun mal Mühe und Plage ist und wir uns einfach fügen müssen. Immer wieder an mich und meinen Traum zu glauben und nicht an das, was die anderen mir mit großer Überzeugungskraft erklärten. Mir fehlten immer die "Gegenbeweise". Ich hatte nur immer das starke Gefühl, dass es so nicht sein kann.

- Trennung von meinem Mann und wieder ganz unten anfangen.

- Viele Schulden, Rosenkrieg des Ex bis heute

- Marketing, Technik, persönliche Herausforderungen, Zeit

- Bis April 2018 keinerlei Erfahrungen mit Online-Business, kein Know-how über die technischen Setups und über Vertriebs-/Online-Marketing. Meine erste Mastermind, die ich gebucht habe, war klasse, bot aber zu wenig Zeit für einen Neuling wie mich, um das alles in acht Wochen zu gestalten, neben meinem Hauptjob.

- Es war vor allem die verlorene Gesundheit, noch dazu bin ich nach der Trennung (und Hausverkauf) ohne Wohnung geblieben, bin mit ein paar Sachen und krankgeschrieben mit Krankengeld in die Welt gegangen (Umzug 170 km weg) - es war extrem schwierig, neue Freunde zu finden, die mich verstanden und sich in einer neuen Stadt zurechtzufinden. Ich war stark traumatisiert und ich wollte zuerst keinen Kontakt zur Außenwelt. Aus eigener Kraft (mithilfe von vielen Heiltechniken und Energiearbeit, die ich kannte - und immer was Neues dazulernte und umsetzte) bin ich in ein neues Leben gekommen: Kontakte geknüpft, neue Ausbildungen angefangen, bei Ausstellungen mitgemacht. Die riesige Herausforderung war auch Internet - und Online-Marketing.

- Angst, nicht verstanden zu werden, kritisiert zu werden, ausgelacht zu werden, zu versagen. Auch die Angst davor, sichtbar und erfolgreich zu werden und ob ich das dann schaffe.

- Es war immer die mangelnde Zeit, der damit verbundene Druck und Stress. Dazu den größten Dank an meine Eltern, die mich in dieser Zeit immer unterstützt haben. Es musste das viele Wissen, das ich immer wissbegierig aufsog, in meinen Kopf, das war nicht immer einfach. Auch konnte ich switchen zwischen Tages-, Abend- und Wochenendschule, wenn ich etwas verpasst hatte oder wiederholen wollte. Jedoch das meiste Wissen gab es in der Tagesschule. Dann kamen zwischendurch immer diese Zweifel: Schaffe ich das wirklich? Bin ich dann genug vorbereitet? Im Nachhinein betrachtet, habe ich mir selbst mein Mindset programmiert, damals wusste ich noch nichts vom Mindset. Ich habe mir in diesen Situationen sofort gesagt, in einem fort, ununterbrochen, bis ich mich besser gefühlt habe: Ich schaffe das, ich schaffe das, ich schaffe das. (hihi, ich war unbewusst mein eigener Ich-schaffe-das-Mindset-Coach).

- Kleinheitsgefühle, ich bin nicht gut genug, ich will mich nicht verkaufen, von Kranken in einer Notsituation darf man kein Geld nehmen ... solche Glaubenssätze haben mich bis vor Kurzem blockiert.

Das tut richtig weh beim Lesen, oder? Atme mal tief ein und lass das alles los. Nimm diese Ängste und Sorgen nicht an! Solche Ängste und Sorgen sind der Grund, warum viele Menschen in Abhängigkeit leben, in Armut oder einfach unglücklich sind. Das willst du sicher nicht! Durch Gedankendisziplin schaffst du es aus diesen negativen Gefühlen schnell wieder raus. Aber wie schaffte ich es, positiv zu denken und das für drei Wochen oder länger? Ich übte es erst mal mit einem Gedanken pro Tag! Ich

erkannte meine negativen Gedanken und übte mich darin, nicht da einzusteigen.
Ich stellte mir einen Wecker für alle zehn Minuten. Das Klingeln sollte mich daran erinnern, dass ich prüfe, woran ich gerade dachte. Ich schaute früh in mein Dankbarkeitsbuch und übte mich den Tag früh positiv zu beginnen. Es war wirklich eine Challenge für mich, die ich so schnell wie möglich schaffen wollte.

Ich baute mir eine Brücke: Immer wenn ich durch eine Tür ging, und das waren im Hotel, in dem ich noch arbeitete, sehr viele Türen, dachte ich mir, ich gehe als die Person hinein und komme als eine „größere Person" auf der anderen Seite raus.

GEWOHNHEITEN

„Als ich bemerkte, was ich alles in mein Unterbewusstsein lasse und mit Wiederholung nähre, wurde mit klar, was Realität wurde. Wähle also gut, was du den ganzen Tag siehst, hörst und liest"
Anne-Kristin Holm

Wie auch die Geschichten der Businesspowerfrauen zeigen, ist es nicht so einfach, sein Ziel festzulegen und es auf dem geraden Weg zu erreichen! Deswegen lass uns noch weiter anschauen, was auch mir geholfen hat unerschütterlich an meinem Zielen dran zu bleiben, damit du cs auch schaffst! In dem vorigen Kapitel wurden Paradigmen eingeführt. Nun gehen wir einen Schritt weiter und beschäftigen uns damit, um wirklich in die Verbesserung zu kommen. Paradigmen können jeden deiner Schritte kontrollieren. Wenn du verstehst, wie du anstelle des Bisherigen ein neues Paradigma baust, das dein Leben unter Kontrolle hält, öffnest du dir damit die Tür zu all deinen gewünschten Ergebnissen.

Kultur gründet sich in: Gewohnheiten, Arbeitspraktiken, Einstellungen, Glaubenssätzen und Erwartungen – auch als Paradigmen bekannt. Mit Paradigmen bewaffnet gehst du deine Umgebung an und reagierst auf Geschehnisse. Dabei interpretierst du die Dinge, die du siehst und erfährst sie auf der Grundlage deines geteilten Verständnisses und deiner kulturell bestimmten Richtlinie. In diesem Sinne sagt dein Paradigma dir, dass hier ein Spiel gespielt wird, um welches Spiel es sich handelt und wie du es erfolgreich spielst. Eine Veränderung des Paradigmas ist folglich eine Veränderung zu neuen Spielregeln. Wenn sich die Regeln ändern, scheint sich die ganze Welt zu ändern. Mit anderen Worten: Ändere deine Paradigmen und du wirst die Art und Weise ändern, wie du deine Ergebnisse erschaffst.

Als ich zum Beispiel mit 12 Jahren den „Mauerfall" mitbekam, änderte sich meine Kultur über Nacht vom Sozialismus in den Kapitalismus. Das Paradigma der Menschen wurde sozusagen von außen nach innen gezwungen sich anzupassen. Die Erwachsenen habe ich mit meinen kindlichen Augen beobachtet und gesehen, wie Beziehungen, Familien, Jobs kaputtgingen. Alles war chaotisch, da die Welt für mehrere Monate kopfstand. Das alte System in den Menschen konnte nicht über Nacht gedreht werden. Noch heute ticken die Menschen in Dresden anders als die Menschen in München. Ich beobachte bei meinen Reisen die Menschen in den Ländern immer sehr genau und erkenne die Paradigmen, die sie in sich tragen sehr leicht. Erkenne deine Paradigmen und werde frei und unabhängig.

Wie ändere ich nun mein Paradigma?

Wie ändere ich das, von dem ich vielleicht gar nicht weiß, was es ist und wie viel ich davon Ungeeignetes in mir trage? Was blockiert mich denn? Was hält mich nur auf? Sandra Julier aus der Businesspowerfrauen-Community beschreibt, wie sie es geschafft hat:

Ich wurde in Zürich in der Schweiz als zweites Mädchen geboren. Als Kind beobachtete ich sehr viel. Mein Vater kam aus dem Kanton Wallis. Es ist eines der Bergkantone und sehr traditionell. Er musste seine Eltern noch per Sie anreden. Sein Vater war ein Tyrann und meine Großmutter die herzlichste Person, die ich jemals gekannt hatte. Sie wurde ihr ganzes Eheleben lang unterdrückt und das waren über 65 Jahre.

Das ganze Umfeld war sehr aggressiv. Meine Eltern übernahmen es von ihren Eltern. Es wurde immer herumgeschrien. Zu meiner Zeit war „Hintern versohlen" eine „normale" Erziehungsmaßnahme.

Als ich als junge Mutter überfordert war, schrie ich meine Kinder an. Ich war auch sehr aggressiv. Leider. Vor allem, wenn ich überfordert war, hatte ich mich nicht mehr unter Kontrolle. Da fiel ich automatisch in die alten Verhaltensmuster meiner Eltern. Druck und Stress löste das aus.

Als meine Tochter, die jetzt sieben Jahre alt ist, jeden Abend einen Wutausbruch bei mir hatte, sagte ich mir, da läuft etwas falsch. Sie ist hochsensibel, genau wie ich. Es wurde mir bewusst, ich musste mich ändern. Sie wurde schon im Kindergarten gehänselt und dies ging in der Schule weiter. Das kannte ich nur zu gut. Ich wurde auch immer gemobbt. So war ich immer und immer wieder krank. Mit der Krankheit bekam ich die nötige Aufmerksamkeit, die ich brauchte. Jedoch wünsche ich das niemandem, schon gar nicht meiner Tochter. Das war keine schöne Zeit.

Zuerst änderte ich mich, mein Leben und so änderte ich auch das meiner Tochter.

<u>Wie schaffte ich das?</u>
Ich stieg aus dem Druck aus. Ich kündigte meinen Job und folgte meinem Herzen. Ich machte mich endlich als Coach selbstständig. Ich schrieb mein erstes Buch und war mehr für meine Kinder da. Dann bemerkte ich, dass meine Beziehung schon lange im Argen war und ich sie nicht mehr geradebiegen konnte und so trennte ich mich von meinem Partner.

Kinder lernen durch vorleben. Ich wollte für mich und für meine Kinder ein gutes Leben. Kein Leben in Stress, Druck, Aggression und Krankheit wie ich es kannte.

Wie änderte ich es?

Im Zieledefinieren und -finden war ich immer ein Meister. In Fantasien war ich von Kind auf fantastisch. Früher träumte ich auch am Tag. All das habe ich verloren. Ich wurde einfach erwachsen und übernahm Verantwortung. Ich verlor den Spaß. Stattdessen funktionierte ich nur. Ich ging stur den Bildungsweg und rackerte mich halb tot. Vergaß mich dabei vollkommen.

Zuerst nahm ich mich einfach mal wichtig. Ich war die wichtigste Person. Wenn es mir gut geht, geht es meinen Kindern und meinem Umfeld auch gut. So wie du in den Wald rufst, so schallt es heraus. Alles, was schwer war, ließ ich los. Ich wollte es einfach nur noch leicht. Der Weg ist das Ziel. Wenn du dein Ziel kennst und du anfängst, deinen Weg zu gehen, dann fügen sich die Puzzlesteine. Auf einmal fing ich wieder an zu reisen. Auch mit meinen Kindern. Wir machten kleinere Touren in der Schweiz. Ich besuchte eine Freundin in Deutschland und plötzlich war ich in Paris.

In Paris entdeckte ich, wie sehr ich Kleider und Röcke liebte, was ich jahrelang nicht mehr getragen hatte. Meine Weiblichkeit vergaß. Natürlich kaufte ich mir schöne Kleider.

Ich bekam meinen Selbstwert und dadurch auch meine Energie zurück. Zuerst im Inneren und dann im Außen. Zuerst darfst du dich selbst heilen, danach verändert sich auch deine Außenwelt. Immer wieder wurde ich beschenkt. Ich nahm an Seminaren teil, von denen ich früher nicht gewusst hatte, dass sie existieren.

Der erste Schritt ist immer das Erkennen. Ich glaube, das ist der schwerste Schritt. Erkennen, dass etwas nicht so ist, wie es sein sollte oder besser sein könnte. Der zweite Schritt ist zu fragen: „Wie will ich es haben?“ Und dann in die Gänge kommen, also das Handeln. Der dritte Schritt ist, den Erfolg zu genießen.

Wenn du andere Ergebnisse möchtest, dann solltest du dich anders verhalten. Das heißt, geh einmal in einem anderen Laden einkaufen.

Oder eben: Fahr einfach mal mit dem Auto nach Paris.
Es war für mich so eine tolle Zeit. Was das Beste daran war, es war alles so einfach und leicht. Ich glaube, wir hatten den heißesten Tag im Sommer erwischt. Es waren 41 Grad, und da ich mit einer Businesskollegin unterwegs war, schaukelten wir uns unsere Energie gegenseitig hoch. Anstatt uns zu beschweren, wie heiß es war, gingen wir in Unterwäsche in der Seine baden.

Das war total aus unserer Komfortzone heraus, aber es war fantastisch. So sprengten wir jegliche Grenzen, die es gab. Paradigmen begrenzen dich, sie halten dich in der Komfortzone. Es ist schön bequem. Jedoch findet kein Wachstum statt. Wenn du nicht wächst, dann schrumpfst du. Es ist in unserer Natur zu wachsen, Neues zu entdecken, zu erleben.

Spüre dein Leben wieder. Sei mutig. Es lohnt sich.

Meine Kinder sind viel ruhiger geworden, damit meine ich nicht die Lautstärke, nein. Sie sind zur Ruhe gekommen. Sind nicht mehr so angespannt und das gilt auch für mich. Und das nur, weil ich meinem Herzen gefolgt bin, mutig war und jetzt das mache, was ich schon lange wollte, schreiben, Menschen motivieren und helfen.

Wie also kannst du dein Paradigma ändern?

Fang mit deinem Tagesablauf an. Steh morgens auf und denke als Erstes daran, was für ein Wunder du bist und wie schön es ist, dass du überhaupt da bist! Ja, du bist eine von Millionen Zellen, die sich fortgepflanzt hat, und als „Mensch" am Leben ist! Dein Geist lebt in diesem wunderschönen Körper! Mit deinen Gedanken bewertest

du diesen Körper, diesen Tag, dieses Leben, diese Gesellschaft, diese Welt.
Stopp die Gedanken über dich und andere Menschen! Damit sparst du schon mal viel Energie für einen gelungenen Tag! Das ist wirklich kein Quatsch! Probiere es mal zwei Wochen lang aus, dann kannst du es immer noch lassen! Nachdem du also Dankbarkeit und Liebe zu dir und deinem Leben gefühlt hast, sage dir, dass du großartig bist! Schenke dir die Komplimente, die du dir von anderen Menschen wünschst! Du wirst fühlen, dass du sie von anderen Menschen gar nicht benötigst, dass du dir selbst immer genau das sagen und geben kannst, was du gerade brauchst! Vielleicht kennst du das von der Zeit, als du ein Kind warst: Hast du Selbstgespräche geführt, um dich zu beruhigen oder um dich an Dinge zu erinnern, oder um mehr Spaß zu haben?

Beispiele für Tagesabläufe aus der Businesspowerfrauen-Community:

1. Aufstehen
2. 10 Minuten meditieren
3. 10 Wiederholungen einer Übung
4. Duschen, Zähne putzen
5. Eine Tasse grünen Tee genießen
6. Dankbarkeitsbuch und Spaß haben

1. Aufstehen
2. Dankbarkeitsbuch von gestern lesen
3. Sit ups
4. Duschen, Zähne putzen
5. Meditieren
6. Frühstücken und aus der Freude heraus den Tag angehen

Wie könnte dein Tagesablauf ab sofort sein? Welche eine Sache kannst du ändern?

VORSTELLUNGSKRAFT

„Als ich mich nach innen richtete mit meiner Aufmerksamkeit und meinen Gefühlen, wurde es von Tag zu Tag leichter."
Anne-Kristin Holm

Denke doch jetzt mal an dein Lieblingsgetränk. Stelle es dir genau vor. Sei dir dabei bewusst, dass das Bild deines Lieblingsgetränks wie ein Schirm auf deinem Geist liegt. Denke nun direkt an deine Handtasche. Sei dir bewusst, dass du ein Bild deiner Handtasche in deinem Geist hast. Denke an einen lieben Menschen, den du länger nicht gesehen hast. Auch er wird dir als Bild in deinem Geist erscheinen. Denke an einen Geldschein, einen Löffel, eine Blume. Schau mal, wie schnell du von einem Bild zum nächsten gehen kannst.

Denke jetzt an deinen Geist. Wie die meisten Menschen hast du sicher auch ein Bild vom Gehirn. Wichtig: Dein Gehirn ist nicht dein Geist! Dein Gehirn ist ein „anatomischer" Teil deines Körpers.

So wunderbar es auch ist, es agiert nur mehr als elektronische Schaltstelle und ist Teil des Körpers. Dein Körper ist der Ausdruck einer Bewegung; er wird für gewöhnlich als Geist bezeichnet. Niemand kann den Geist sehen. Der Geist ist keine Sache, sondern eine Aktivität bzw. Handlung.

Dein Geist ist entweder in aufgeräumtem oder verwirrtem Zustand. Ein Bild bringt Ordnung in den Geist. Immer wenn wir an den Geist denken, denken wir an Verwirrung, weil niemand bisher den Geist gesehen hat. Da Verwirrung Gefühle in uns hervorrufen, die uns nicht gefallen, hören wir auf, darüber nachzudenken, und gehen hinüber zu etwas, das uns vertraut ist.

Als du das Bild des Lieblingsgetränkes aufriefst, wurden in dem Moment gewisse Gehirnzellen angesprochen. Ich bat dich also, das Bild deines Lieblingsgetränkes aufzurufen. Das Wort *„Geldschein“* animierte deine Zellen, das Bild deines Geldscheines in deinem Geist aufzurufen. Bei den Worten *Löffel* und *Handtasche* hast du innerhalb einer Millisekunde die beiden Bilder in deinem Geist aufgerufen.

Um dich zu heilen und dir zu helfen, um dein Leben zu verbessern, musst du dich ganzheitlich betrachten. Es bringt fast gar nichts, nur die Symptome zu behandeln. Du darfst dich mit diesem Wissen auf den Weg machen, die Ursachen zu finden und zu erkennen wie du dir selbst helfen kannst.

Du kannst den Geist nicht sehen. Daher ist es hilfreich, sich einmal ein Bild des Geistes zu malen. Der Geist besteht aus dem Bewusstsein und dem Unterbewusstsein. Innerhalb eines gedachten Kreises mit einer horizontalen Linie in der Mitte ist die obere Hälfte das Bewusstsein und die untere Hälfte das Unterbewusstsein.

Mit einem Strich verbunden malen wir einen viel kleineren Kreis unterhalb des großen Kreises, der unseren Körper darstellt. Unser Körper ist das Instrument des Geistes, er gehorcht unserem Geist.

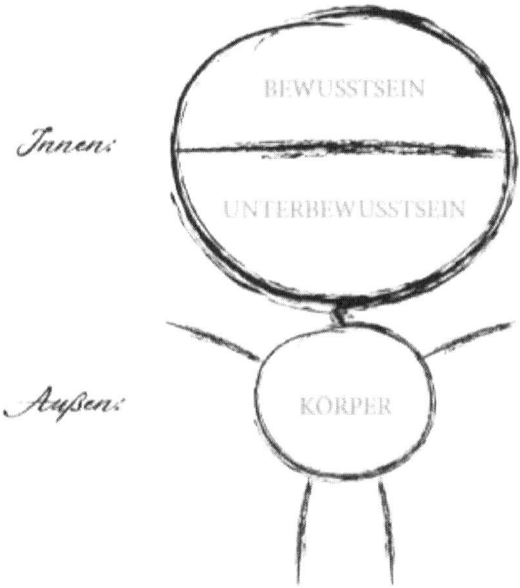

Nimm das Bild von Dr. Thurmann Fleet of San Antonio mit in den Alltag und beobachte dich, deinen Geist und deinen Körper in allen Situationen. Mit der Zeit wirst du erkennen, dass deine Körperäußerungen/-bewegungen Ausdruck deines Geistes sind. So wirst du bei anderen Menschen auch sehen lernen, was sie im Geiste beschäftigt, wenn du einfach ihren Körper analysierst. Das ist der Teil, der richtig Spaß macht! Wenn du andere Menschen siehst, als Körper, der nur zum Ausdruck bringt, was in ihrem Geist vor geht! Es macht ebenso Spaß, andere Menschen in ihren Wohnungen zu besuchen und das Bild der Wohnung als Ausdruck, was in ihrem Geist vor sich geht, zu sehen!

Was in unserem Innern passiert, zeigt sich im Außen. Bald wirst du verstehen, warum das Strichmännchen von Dr. Thurmann Fleet of San Antonio eine geniale Sache ist. Du wirst die Menschen um dich mit neuen Augen wahrnehmen und kannst Chancen und Gefahren viel besser erkennen! Ist das nicht herrlich!?

Ich zum Beispiel habe als Schulkind überlegt, warum manche Mädchen bessere Schulnoten oder mehr Humor oder mehr Freunde hatten. Ich war körperlich anwesend im Unterricht und träumte von ihren Familien, wie sie vielleicht noch mehr Unterstützung, Verständnis und Liebe als ich bekamen. Ich dachte damals, dass sie nur so gut in der Schule waren, weil sie es besser hatten oder mehr Selbstvertrauen oder sich einfach besser konzentrieren konnten! Ich wusste aber nicht, wie auch ich das aufbauen konnte. Ich fragte, was ihre Eltern für Berufe hatten, und besuchte sie daheim. Dann stellte ich mir vor, wie es wäre, wenn ich dort wohnen würde. Später mit diesem Wissen konnte ich mich komplett trennen von meinen nicht dienlichen negativen Gedanken und mir mein Leben so aufbauen wie ich es wollte. Nichts kann dich aufhalten, wenn du das Wissen für dich anwendest! Dir stehen mit diesem Wissen, dem Mut und der Umsetzung wirklich alle Türen offen.

Sandra Julier zum Beispiel hat das so für sich erkannt und sagt: Es ist so, dass alles bereits existiert. Es gibt mich als erfolgreich, es gibt mich als erfolglos, es gibt mich als krank, es gibt mich als gesund. Du darfst dir das so vorstellen, als ob du Radio hörst. Viele Frequenzen senden, aber du kannst nur einen Sender hören, und zwar den, den du eingestellt hast.

So ist es bei dir auch. Wenn dein Körper auf einer

bestimmten Frequenz schwingt, nimmt er nur bestimmte Dinge wahr.
Das ist so, wie wenn du schwanger bist. Plötzlich siehst du überall nur noch schwangere Frauen. Die waren schon immer da, nur du hast sie nie wahrgenommen.

Also schwinge dich auf dein Ziel ein.

Bei mir war es ein Problem, vor Publikum zu sprechen. Ich hatte zwar immer wieder, als ich angestellt war, die Gelegenheit, einmal sogar vor 600 Mitarbeitern eine Rede zu halten. Jedoch nicht als Sandra privat. Was soll ich sagen, letzten Samstag habe ich als Sandra privat vor über 40 Menschen gesprochen. Es freute mich unglaublich.

Was du dir vorstellen kannst, existiert bereits.

Je mehr du in das Gefühl eintauchst, desto mehr ziehst du es in dein Leben. Es gibt dann die Brücke der Ereignisse. Das heißt, wenn dein nächstes Auto ein Porsche sein sollte, dann siehst du plötzlich nur noch Porsches. Danach fährst du einen Porsche, und der nächste Schritt ist, du besitzt den Porsche.

Warum? Weil du dich auf das ausgerichtet hast und du es automatisch in dein Leben ziehst.

FÄHIGKEITEN

„Als ich erkannte, dass eine erfolgreiche Unternehmerin nicht zwingend über ein großes Allgemein- oder Fachwissen verfügen muss, sondern ihren Geist soweit entwickelt, dass sie alles erreichen kann, was sie sich vorstellt, wurde mir klar, wie mächtig ich bin."
Anne-Kristin Holm

Egal wie weit und in welches Land wir zurückblicken, wir sehen, dass die Menschen von Geburt an darauf programmiert wurden, vom Außen ins Innere zu leben. Alle großen Anführer der Geschichte, Menschen, die für ihre Größe geschätzt wurden, sagen uns ohne Ausnahme, dass wir die großen Ziele nur erreichen können, wenn wir vom Inneren nach außen leben. Wenn du jetzt an eine Größe aus der Geschichte, der Musik oder dem Kino denkst, dann sei dir gewiss, dass du die gleichen Chancen hast wie diese Größen!

Schauen wir also mal genauer hin, was diese Persönlichkeiten mit diesem Rat meinten.

In dem vorherigen Kapitel hast du bereits gelesen, dass wir fünf Sinne haben und dass wir immer von der Information, die wir über die fünf Sinne (Sehen, Hören, Riechen, Schmecken und Fühlen) aufnehmen, kontrolliert werden.

An diesem Punkt wollen wir das hohe Vermögen, das wir alle besitzen, in unsere Aufmerksamkeit bringen. Dieses Vermögen hat uns zum höchstentwickelten Leben auf der Erde gemacht. Dieses Vermögen nennen wir intellektuelles Vermögen. Bob Proctor stellt dies sehr schön dar in seinem Film „The Secret".

Nur selten wirst du jemanden finden, der damit aufwuchs, dieses Vermögen zu nutzen, um das Leben zu erschaffen, dass er oder sie haben will. Wenn du allerdings jemanden triffst, wirst du feststellen, dass er sein Vermögen unbewusst nutzt. In den meisten Fällen ist ihm gar nicht bewusst, dass ihn diese Eigenschaft von der Masse abhebt.

Die meisten werden meinen, dass diese Menschen ein besonderes Talent haben, welches dem Rest der Menschheit vorenthalten wurde. Sie nehmen diesen Standpunkt ein, weil sie nicht erkennen, was diese erfolgreichen Menschen tun. Aber wir alle haben dieses hohe Vermögen. Wenn wir es nutzen, werden wir auch als ausgefallene Menschen angesehen, wobei der eigentliche und einzige Unterschied in unseren Ergebnissen liegt. Geh einmal in dich und reflektiere, was in unserer Welt passiert.

Als Kinder hören wir:

- „Schau hin!"
- „Hör zu, wenn ich mit dir rede!"
- „Hörst du, was ich dir sage?"
- „Was hast du dir dabei gedacht?"
- „Siehst du, hab ich doch gleich gewusst!"
- „Stell dich nicht so an!"
- „Sei doch endlich mal normal!"
- „Sei doch einmal vernünftig!"

Und so weiter und so fort. Die Umstände fangen an, uns zu kontrollieren. Das Schulzeugnis sagt uns, was für ein Schüler wir sind. Aus dem Schulzeugnis wird später das Diplom, die Meisterprüfung, die Arbeitsbeurteilung, die Praktikumsbeurteilung, das Mitarbeitergespräch und die Leistungsbeurteilung. Es ist immer ein Protokoll dessen, was in der Vergangenheit passierte. So wird das Leben der meisten Menschen kontrolliert, oft von Geburt an bis zum Tode. Ist das nicht dumm?

Ich glaube, dass du langsam eine andere, dienlichere Denkweise entwickelst. Du wirst dir auch deines Vermögens viel bewusster und lernst, wie und wann du es am besten einsetzt.

Denken ist unsere höchste Funktion. Wenn du dir Menschen ansiehst und ihnen zuhörst, wirst du erkennen, dass sie nicht klar denken. Andernfalls würden sie nicht das denken, was sie denken und nicht das tun, was sie tun. Mentale Aktivität macht Denken noch lange nicht aus.

Dein hohes Vermögen ist das, was dich von Tieren unterscheidet. Es erlaubt dir, die Ergebnisse zu erzielen, die du haben willst. Die einzigen Grenzen, die du dabei je

haben wirst, setzt du dir selbst. Du hast unbegrenztes Potenzial. Du bist zu allem fähig.
Sieh dir einfach die Welt um dich herum an und vor allem deine Fortschritte der letzten Jahre. All diese Fortschritte hat es nur gegeben, weil du dich entschieden hast, eine bessere Welt zu schaffen. Wir alle arbeiten mit derselben Kraft, mit demselben Vermögen. Der einzige mögliche Unterschied sind die Grenzen, die du dir selbst setzt. Entferne diese Grenzen aus deinem Leben und erlaube dir, deine wahre Größe zu zeigen und zu leben.

Mit deinem Verstand kannst du all das zurückweisen, was von außen kommt. Es steht nirgends geschrieben, dass der Umstand die Macht über den Menschen hat. Du hast endloses Potenzial und um dir das bewusst zu machen, gehe gleich mal in deine Vision und stelle dir so richtig vor, wie du ganz ohne Grenzen, ohne Geschwätz von außen, einfach dein Ding durchziehst! Stell dir vor, wie du in Freude und Leichtigkeit deine Vorhaben zum Wachsen bringst, mit absolutem Vertrauen, Dankbarkeit und tiefer Glückseligkeit. Das ist der Schlüssel zum Erfolg!

Ein kleines Beispiel von mir:
Ich habe als Kind immer das Gefühl bekommen (von außen), dass ich so bin: unsportlich, unbeweglich, hässlich, in der Schule mittelmäßig, zu schüchtern! Was habe ich dann gemacht? Ich habe wieder von außen geschaut, wie verhalten sich denn die coolen Mädchen, was machen die Einser-Mädchen … und ich habe Süßigkeiten gegessen! Später schaute ich, welches Wissen fehlt mir noch für die Arbeit, welche Bücher können mir helfen? Aber so blieb ich nur im Bewusstsein, im Außen, und konnte mich nur mit viel Anstrengung und noch mehr Wissen langsam ändern.

Diese Erkenntnis, dass ich im Innern anfangen und mich

abgrenzen darf, hat mich extrem schnell nach vorne und zu mir gebracht! Ich möchte dich daran erinnern, dass du dieses Buch auch nur im Bewusstsein lesen kannst.
Ich möchte dich einladen die Meditation zum Manifestieren wirklich mehrmals zu machen, um dein Unterbewusstsein auf deine Ziele auszurichten! Vergiss auch nicht, deine Aufnahme der produktiven Handlungen mehrmals anzuhören, um dein Unterbewusstsein auf deine produktiven Handlungen einzustimmen, so wie du sie haben willst!

Wenn du bereit bist, manifestiere dein Ziel …

Die Meditation findest du auf der Homepage: www.anne-kristin-holm.com

Wir sind darauf programmiert, vom Außen ins Innere zu leben. So werden wir zum Spielball dieser äußeren Kräfte. Wir sollten uns bewusst sein, was im Außen passiert und es gut im Auge behalten. Dennoch müssen wir unsere individuelle Existenz erschaffen und bewahren.

Uns sind höhere Vermögen gegeben: Wahrnehmung, Wille, Vorstellung, Erinnerung, Vernunft und Intuition. Es liegt in unserer Verantwortung, sie zu nutzen.

Erinnerung: Unsere Erinnerung ist perfekt. Es gibt keine schlechte Erinnerung. Es gibt nur schwache und starke Erinnerung. Alle unserer Vermögen sind perfekt. Sie brauchen nur Übung, um gut ausgebildet zu sein.

Vernunft: Vernunft gibt uns die Fähigkeit zu denken. Denken ist unsere höchste Funktion. Unser induktives

Denken gibt uns die Fähigkeit, einzelne Gedanken hervorzubringen und sie in einer Ideenformation zusammenzubringen. Wir beobachten, was wir machen und entwickeln dann Ideen, wie wir besser handeln können. Da wir unser Denken selbst kontrollieren, sollten wir keine Zeit damit verbringen, negativen Gedanken oder Ideen (warum etwas nicht geht) nachzugehen.

Wahrnehmung: Unsere Wahrnehmung ist unsere Sichtweise. Wenn wir etwas sehen, das uns denken lässt, dass etwas unmöglich ist, können wir unsere Wahrnehmung ändern und eine Idee finden, wie es machbar ist.

Vorstellung: Vorstellung erschafft Fantasien. Fantasie ist die erste Stufe der Erschaffung. Dieses Training *„Wissen in Handeln umsetzen"* entstand aus einer Fantasie. Das Unternehmen, indem du arbeitest, entspringt einer Fantasie. Der kreative Prozess umfasst drei Stufen: Fantasie, Theorie und Tatsache. Ohne Vorstellung kann es keine Erschaffung von etwas im Leben geben. Alles wird zweimal erschaffen. Zuerst in der Vorstellung in deinem Geist. Zweitens, wenn es sich in der materiellen Welt manifestiert.

Wille: Durch deinen starken Willen schaffst du es, eine Sache konkret zu verfolgen, ohne dich von anderen Dingen ablenken zu lassen. Dein Wille gibt dir die Fähigkeit, dich zu fokussieren und zu konzentrieren. Je mehr du deinen Willen entwickelst, desto stärker wird er.

Intuition: Durch deine Intuition nimmst du Schwingungen auf und bringst diese in deinen Geist. Deine Intuition erlaubt dir, zu wissen, was gerade um dich herum passiert. Intuition wird oft als der sechste Sinn bezeichnet, was eine Fehlbezeichnung ist. Intuition ist kein Sinn. Intuition ist dein höheres Vermögen und kann sehr weit entwickelt werden.

Wenn du dir einmal deine Ergebnisse ansiehst und diese in deinem Geist wiegst, wirst du merken, dass deine Ergebnisse dich zum Denken bewegen. Denken produziert Gefühle, Gefühle verursachen Handlungen und Handlungen sorgen für Ergebnisse. Deswegen bekommen die meisten Menschen dieselben Ergebnisse, Jahr für Jahr und kommen aus diesem Teufelskreis nicht raus!

Halte die äußere Welt davon ab, deinen Geist zu kontrollieren. Beobachte, was in der Welt um dich herum geschieht. Sei aber kein Teil davon. Blicke auf deine Ergebnisse wie ein Fremder es tun würde.

Sag dir: „Hm, ich glaube nicht, dass ich das wollen würde." Und denke dann darüber nach, was du denn willst. Kultiviere Gedanken, die das produzieren, was du haben willst. Die Gedanken verursachen die Gefühle, die Gefühle verursachen die Handlungen und die Handlungen produzieren ein neues Ergebnis. An diesem Punkt beobachtest du bewusst das neue Ergebnis. Mental lässt du dich auf neue Ergebnisse ein und beginnst damit, die Gedanken zu denken, die es dir ermöglichen, dich stets zu verbessern.

Vergiss nicht: Es beginnt alles mit dem Gedanken. Der Gedanke verursacht das Gefühl, das Gefühl verursacht die Handlung, die Handlung verursacht das Ergebnis. Sieh dir das Ergebnis an, passe es an und beginne eine neue Gedankenreihe. Du bist für dich selbst verantwortlich. Lass nicht zu, dass die Außenwelt dich kontrolliert. Du kontrollierst die Außenwelt. Denk immer an den Stern im rechten Bild und übernimm die Kontrolle!

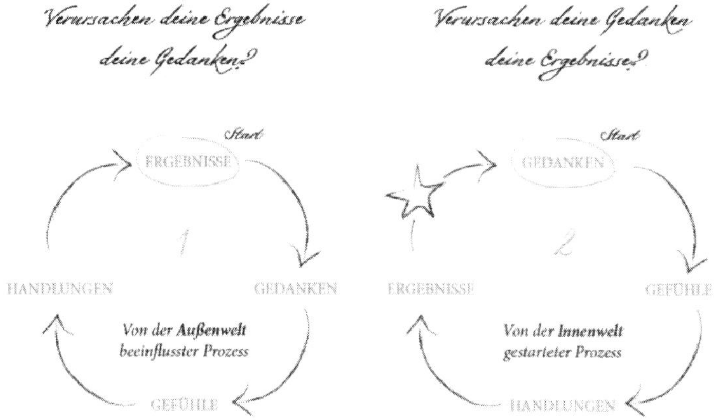

SELBSTBILD

„Als ich begann meine Ergebnisse im Außen als das Bild meiner Gedanken im Innern zu betrachten, begannen sich die Dinge in allen Bereichen ganz schnell zu verändern. Ich musste nur die Einstellung zu mir selbst ändern, mein Bild, welches ich über mich hatte"
Anne-Kristin Holm

Die Psychologie des Selbstverständnisses war die größte Entdeckung der Menschheit.

Psycho Cybernetics ist ohne Frage eines der besten Bücher zum Thema Psychologie des Selbstverständnisses. In seinem Buch erklärt Dr. Maltz, wie ein Patient auf ihn zukam und sagte, er sei bankrott, ruiniert und entehrt. Maltz sah ihn an und sagte „Also, es ist eine Tatsache, dass

Sie bankrott sind. Aber es ist Ihre Meinung, dass Sie ruiniert und entehrt sind.

Die Meinung, die Sie über sich selbst haben, spiegelt sich immer in der Außenwelt wieder und manifestiert sich in den Ergebnissen, die Sie erzielen. Bedenken Sie, dass es eine Meinung ist, Ihre Meinung, und Sie können sie jederzeit ändern."

Selbstverständnis wie wir es heute kennen, wurde zuerst von Dr. Maxwell Maltz entdeckt, der rekonstruktive Chirurgie, für gewöhnlich plastische Chirurgie genannt, praktizierte. Er fand heraus, dass es bei Gesichtschirurgie, wenn also entstellte Teile des Gesichts korrigiert wurden, eine merkliche Veränderung nicht nur in körperlicher, sondern auch in psychischer Hinsicht gab. Maltz entdeckte auch, dass es bei einigen Patienten, egal wie erfolgreich die Operation war, keine merklichen psychologischen Veränderungen gab. Er schlussfolgerte daraus, dass wir Menschen zwei Bilder von uns haben: Ein Bild, das wir im Spiegel sehen und ein anderes Bild, das wir in unserem Geiste tragen. Wenn das innere Bild verändert wird, ändert sich auch die Welt, in der der Mensch lebt.

In den Tiefen unseres Geistes haben wir alle eine Wahrnehmung dessen, was und wer wir sind und wie viel wir wert sind. Dies nennt man das innere Selbstbild. Es ist ein Kontrollmechanismus, der bestimmt, was in dein Leben kommt und wie gut es dir geht.

Du hast auch ein äußeres Selbstbild. Du projizierst es auf

die Außenwelt, indem du gehst, sprichst, dich kleidest sowie andere Menschen triffst und mit ihnen interagierst.

Das Bild in der Außenwelt ist der Ausdruck deines inneren Bildes.

Deine Ergebnisse sind immer ein Ausdruck dessen, was im Innern vonstattengeht. Wenn du ein negatives oder schlechtes Bild von dir hast, werden deine Ergebnisse ein Spiegelbild davon sein.

Das Selbstbild, das in deinem Unterbewusstsein festgeschrieben ist, bestimmt, wie dich der Rest der Welt sieht. Du bist die einzige Person auf der ganzen Welt, die die Fähigkeit hat, dieses Selbstbild zu verändern und auch zu optimieren.

Perfektionismus liegt im Zentrum deines Bewusstseins. Je mehr du in diese positive Richtung gehst, desto besser wird dein Leben sein. Das Gute ist schier unendlich, wenn du es zulässt, dass du vollkommen perfekt bist, so wie du bist.

Viele Menschen bekommen leider als Kind zu sehr gezeigt, dass sie nicht perfekt sind. Warum? Die Erwachsenen sind oft überfordert mit ihrer beruflichen und privaten Situation und genervt von der Leichtigkeit der Kinder. Aus eigner Bequemlichkeit werden die Kinder so erzogen, dass sie leise sind und sich verhalten, wie die Erwachsenen es sich vorstellen. Die Kinder verstehen dann irgendwann, dass sie nun endlich ausbrechen dürfen und holen zum Teil alles nach oder greifen zu anderen Mitteln, um sich endlich auszuleben. Es ist wichtig, zu erkennen, wie deine Kindheit war. Wie laut durftest du sein? Wie kreativ konntest du sein? Wie viel Bewegungsspielraum hattest du? Wie viel Vertrauen konnte sich aufbauen und so weiter? Mach mal kurz eine Pause und betrachte dich mal als kleines Mädchen! Welches Gefühl hatte dieses Mädchen zu Hause? Gut oder schlecht? Wie viel Liebe und Anerkennung bekam dieses kleine Mädchen? Viel oder wenig? Wie viel Sicherheit und Geborgenheit bekam dieses Mädchen? Viel oder wenig?

Doch wie ändere ich mein Selbstbild? Wie erkenne ich, wo ich stecke? Wie finde ich meine Schönheit, meine Stärke?

Das durften die Unternehmerinnen in den Workshops der Businesspowerfrauen erleben, in denen wir das richtig visualisiert und gefühlt haben. Danach haben alle getanzt und sich richtig frei gefühlt. Eine wahnsinnige Energie wird da freigesetzt wie auf vielen Events die Motivationstrainer und Coaches überall auf der Erde durchführen. Wenn du erst wieder fühlst, was in dir steckt, dann wird es leichter für dich! Wenn du erst wieder daran erinnert wirst, dass du unglaublich wertvoll und großartig bist, dann wird alles einfacher für dich. Wenn du wieder lernst, dir zu vertrauen, so wie du dir als Kind vertraut hast, dann bist du unerschütterlich! Mit diesem Gefühl verlassen die Teilnehmerinnen inklusive Fotos und Videos den Erfolgsworkshop der Businesspowerfrauen.

LEICHTIGKEIT

„Als ich erkannte, dass Angst und Wachstum wirklich zusammen gehören, begann ich meine Angst anzunehmen und zu meinem Freund zu machen."
Anne-Kristin Holm

Kennst Du den Spruch? **Ich denke, also bin ich** - Cogito ergo sum.

Ich stelle mir nun aber die Frage: Was ist ein Gedanke? Wie kommt es, dass Gedanken einen so großen Einfluss auf uns haben? Hat ein Gedanke mit „danken" zu tun?

Schließlich sind es die Ideen in unserem Geist, die unser Verhalten formen. Ideen sind nichts anderes als Gedanken oder eine Ansammlung von Gedanken. Gedanken sind Energie – die stärkste Form an Energie. Die höchste Form der Energie deiner Gedanken ist das Spüren der tiefen Dankbarkeit!

Energie fließt zu dir und durch dich. Man kann sogar die Energie, die den Körper verlässt, fotografieren. In den frühen 1930er Jahren perfektionierte der russische Fotograf Semyon Kirlian die Fotografie, indem er Energie, die den Körper verließ, fotografierte. Diese Methode nennt man heutzutage Kirlian-Fotografie. Ich durfte viele Frauen in meinen Kursen kennenlernen, die die Fähigkeit besitzen, die Energie, die den Menschen umgibt, als Farbe wahrzunehmen. Die Energie fließt in unser Bewusstsein und wir denken! Wir formen also Gedanken aus dieser Energie. Wenn wir diese Gedanken verinnerlichen, ändern wir die Schwingung, in der unser Geist und Körper ist. Unser Körper ist eine Energiemasse in schneller Schwingung. Ist das nicht fantastisch?

Unsere Vorfahren haben das Wort „Gefühl“ erfunden, um unser Bewusstsein über die Schwingung zu beschreiben. Wenn also jemand einen negativen Gedanken hat, fühlt er sich schlecht. Positive Gedanken sorgen für das Gegenteil. Erfolgreiche Menschen verfolgen beständig, beharrlich positive Gedanken. Du auch?

Wenn Ideen zum wiederholten Male in das Unterbewusstsein eingepflanzt werden, setzen sie sich dort fest. Eine festgesetzte Idee wird für gewöhnlich als Gewohnheit bezeichnet. Eine Vielzahl von im Unterbewusstsein eingepflanzten Ideen wird als Konditionierung oder Paradigma bezeichnet. Ein Paradigma ist eine Vielzahl an Gewohnheiten, welche größtenteils vererbt werden.

Alle im Unterbewusstsein eingepflanzten Ideen kontrollieren die Schwingung, in der sich der Mensch befindet, und sorgen für ein bestimmtes Gefühl beim Menschen. Egal ob das Gefühl gut oder schlecht ist, wir gewöhnen uns daran. Ich möchte dich hier noch mal daran erinnern, dass du dein Ziel, dein Ideal am besten mit einer Meditation in deinem Unterbewusstsein verankern kannst.

Wenn du bereit bist, manifestiere dein Ziel …

Die Meditation findest du auf der Homepage: www.anne-kristin-holm.com

Die Paradigmen sorgen dafür, dass das Verhalten der Menschen sehr gleichbleibend ist und das Verhalten produziert die Ergebnisse im Leben. Oft wird das Paradigma als Thermostat gesehen, das die Temperatur unseres Lebens kontrolliert. Leider versuchen die meisten Menschen, das Thermometer anstatt den Thermostat zu ändern. So bekommen sie immer wieder dieselben Ergebnisse, Woche für Woche, Monat für Monat, Jahr für Jahr.

Die Ergebnisse, von denen wir hier sprechen, sind oft nicht

so weit entfernt von denen, die die Eltern bzw. Erziehungsberechtigten der jeweiligen Person haben.

Fast alle Sozialhilfeempfänger sind Sozialhilfeempfänger in der 3. oder 4. Generation. Menschen werden darauf konditioniert, abhängig zu sein. Du siehst, Konditionierung ist umgebungsbedingt und genetisch bedingt. In anderen Worten: Kleinkinder werden von den sie umgebenden Menschen programmiert und die Konditionierung der Eltern oder der Erziehungsberechtigten wurde einfach auf sie übertragen. Ich habe viele Frauen in meinem Coaching begleiten dürfen, die noch angestellt waren und sich nicht trauten, zu kündigen. Sie erzählten mir, dass sie keine Erfahrung haben mit der Selbstständigkeit, weil ihre Eltern auch angestellt waren. Sie berichteten, dass es sich fast wie Selbstmord anfühlt, eine Kündigung auszusprechen und selbstständig zu werden. Es ist nicht lustig, mit diesen Ängsten zu leben und wachsen zu wollen! Das Denken produziert diese Gefühle!

Damit ein Mensch seine Ergebnisse ändert, muss er sein Paradigma ändern. Dies erfordert eine starke bewusste Kontrolle über sein Denken.

Wenn ein Mensch seine Art zu Denken ändert, ändert er auch die Schwingung, in der er ist. Dies wiederum hat einen Einfluss auf seine Gefühle. Kleine zunehmende Veränderungen handhaben wir recht leicht. Aber eine große Veränderung bringt unser zentrales Nervensystem in eine Schieflage.

Wenn du eine große Veränderung vornehmen willst, etwas außerhalb der Norm machen willst, rennst du zunächst mit dem Kopf gegen die Wand der Angst.

Da in 99 % der Fälle die Menschen nicht wissen, wie der Geist funktioniert und warum sie diese Angst verspüren, ziehen sie sich zurück und verkriechen sich in ihrem bequemen, monotonen Leben. Sie rechtfertigen sich damit, dass sie sich einreden, es sei sicherer und es bewahre sie vor eventuellen Gefahren.

Das ist allerdings ein Mythos, den wir von unseren Eltern seit Jahrhunderten schon von Generation zu Generation übernommen haben. Es wird Zeit, diesen Mythos zu ändern. Wir sprechen unter den großen Coaches und Trainern heute von einer neuen Zeit, von einem Paradigmenwechsel, der sich vollzieht!

Angst und Wachstum gehen Hand in Hand. Wenn du dich mutig der Sache stellst, die du am meisten fürchtest, erfährst du automatisch das Wachstum, das du verfolgst. Lass dich durch alte Konditionierung nicht davon abhalten, neue Dinge intensiv auszuprobieren und sie zu genießen. Es ist dein Geburtsrecht.

Um schnell zu wachsen, darfst du schnell große ENTSCHEIDUNGEN treffen. Ich habe bei jeder Entscheidung folgende Kontrolle gemacht. Ich habe mich gefragt, wie würde eine Millionärin handeln? Wie würde mein höheres Selbst handeln? Ist diese Entscheidung aus Angst oder aus Liebe getroffen wurden? Zur Erklärung:

Wir Menschen entscheiden immer nur aus zwei Gründen: aus Angst etwas zu verlieren oder nicht zu bekommen, oder aus Liebe etwas zu erreichen.

Anders ausgedrückt: Die Entscheidung bewirkt, um von etwas wegzukommen, zu fliehen, oder um zu etwas hinzugehen, zu bekommen oder hineinzuwachsen, weil du es wirklich willst! Was denkst du ist die Version, bei der du weißt, da bist du auf der richtigen Spur? Ich verrate es dir, weil es wirklich für mich mega erleichternd war, diese anzuwenden. Immer wenn du etwas aus Liebe machst um zu etwas hinzukommen, weil du es wirklich so haben willst, dann ist es für dich der nächste Schritt. Alles andere fliegt dir schnell um die Ohren!

DIE TERRORBARRIERE

„Nur die Menschen, deren Überzeugungen solide sind, die in Harmonie mit den Gesetzen des Universums sind und Gedanken in wirkungsvolles Verhalten umsetzen, werden die echten Gewinner."
Anne-Kristin Holm

Jedes Mal, wenn du dir ein Ziel setzt, das dazu führt, dass du ein paar Sprossen auf der Erfolgsleiter überspringst, gelangst du an die **Terrorbarriere.**

Jedes Mal, wenn du eine ernsthafte Änderung in deinem Lebensstil vornimmst (aus deiner Komfortzone ausbrichst), rennst du gegen die **Terrorbarriere.**

Bei jeder großen Veränderung deines Verhaltens wird die **Terrorbarriere** direkt und automatisch zwischen dir und dem stehen, was du dir wünschst.

Wenn dies passiert, stehst du vor der Wahl: Entweder verkriechst du dich in der Sicherheitszone und bekommst Jahr für Jahr dieselben Ergebnisse oder du kannst mutig sein und das Wachstum erfahren, nachdem du suchst.

Wir besprechen nun die drei Schritte im psychologischen Prozess der Wachstumserfahrung und ergründen den Umgang mit der Terrorbarriere:

1. Schritt: Loslassen
Hier bekommt der Mensch seine alten Ergebnisse – Ergebnisse, die er nicht haben will. Diese Ergebnisse werden durch die Konditionierung im Unterbewusstsein verursacht. Auch wenn der Mensch die Fähigkeit hat, zu entscheiden, welche Gedanken er haben will, bleiben sie bei der alten Kraft, die die alten Gedanken erschaffen haben.

2. Schritt: Zwang
Der Mensch bekommt weiterhin die alten Ergebnisse, die er nicht haben will und die von der alten Konditionierung verursacht werden. Auf bewusster Ebene erschafft der Mensch ein Bild des Lebens, das er haben will. Da er dieses Bild allerdings nicht verinnerlicht hat und anwendet, verändern sich seine Ergebnisse nicht. In der Vorstellung sieht sich der Mensch mit den gewünschten Ergebnissen und denkt auch an das, was er will. Aber nichts in seinem Leben ändert sich, weil er es nicht verinnerlicht hat.

3. Schritt: Konflikt
Bevor wir diesen Punkt ergründen, ist es wichtig, zu verstehen, dass die Ideen, die ein Mensch emotional angeht, die Schwingung kontrollieren. Schwingung wird auf der Bewusstseinsebene als Gefühl bezeichnet. Auch wenn sie die Ergebnisse nicht mögen, haben Menschen es sich in der Schwingung bequem gemacht, weil sie jeden Tag damit leben, womöglich schon ihr ganzes Leben lang.

Der Mensch lässt sich emotional auf die neue Idee Y ein. Der Moment, in dem die neue Idee Y auf die Konditionierung X eingepflanzt wird, geht das Nervensystem des Menschen in die Schieflage; es entsteht eine X-Y-Schwingung. Sorgen, Angst und Nervosität regieren. Sorgen auf der Bewusstseinsebene, Angst auf Unterbewusstseinsebene, Nervosität auf Körperebene. Alle drei entstehen so schnell und mit so einem Einschlag, dass als Ergebnis davon der Geist des Menschen in einem furchtbaren Zustand ist.

Warum, fragst du dich? Die neue Idee Y bringt den Menschen nach vorn, während die alte Idee X ihn zurückhält. Dadurch entsteht ein unausstehlicher Konflikt.

Er kann weder nach vorn gehen, noch zurück und will auch nicht dortbleiben, wo er ist. Vorangehen ist die Antwort – so wird sich sein Leben bessern. Dennoch führt der Mangel an Verständnis dessen, was gerade im Innern passiert dazu, dass der Mensch wieder in alte Muster verfällt. So prallt er an der **Terrorbarriere** wie an einer Steinmauer ab und fällt zurück in den Zwang. Dort entscheidet er dann, dass es dort genau richtig ist.

Es ist bequem, er kennt es und lässt sich dort nieder. Dort bleibt er jedoch weiterhin im Leid, Mangel und in der Disharmonie.

Eine kleine Geschichte von mir:
Als ich nach 20 Jahren als alleinerziehende Mutter von zwei Kindern meinen Arbeitsplatz im wirklich wundervollen Hotel mit unglaublich netten Kollegen und guten Kunden kündigte, war mir zwei Wochen lang schlecht. Ich war richtig erkältet und hatte lange keine gute Stimme, aber ich hielt durch und ließ mein System arbeiten, sich daran gewöhnen und konnte die letzten Tage in der Arbeitsstelle richtig genießen. Ich weiß, wie schwierig es ist, seine Terrorbarriere zu erkennen und zu durchbrechen.
Auch von meinen Teilnehmerinnen in Workshops und Online-Coaching erfahre ich, wie sich die Ängste zeigen, wie sich Krankheiten anbahnen, oder andere Dinge sich in den Weg stellen. Unser Gehirn wurde schließlich auf Überleben ausgerichtet. Das heißt, der Körper reagiert dann mit Krankheiten oder Übelkeit, um sich vor dem Ungewissen zu beschützen! Wenn du das nicht weißt, ziehst du alle Pläne wieder zurück und bleibst im alten, bekannten Job, Umfeld, oder was du gerade ändern wolltest!

Verständnis hilft dem Menschen, nach vorne zu gehen, Wachstum zu erfahren sowie Freiheit zu erreichen. Zweifel, Angst und Nervosität sind allerdings immer noch da. Durch Verständnis und Erlerntes weiß er, dass, wenn er durchhält, diese Gefühle verschwinden. Indem er weiterhin die Idee Y anstatt der Angst im Geiste kultiviert und auch umsetzt, wird er in relativ kurzer Zeit die Konditionierung ändern und in einer brandneuen Welt leben, die er sich selbst erschaffen hat.

Nimm das Bild von Dr. Thurmann Fleet of San Antonio mit in den Alltag und beobachte dich, deinen Geist und deinen Körper in allen Situationen.

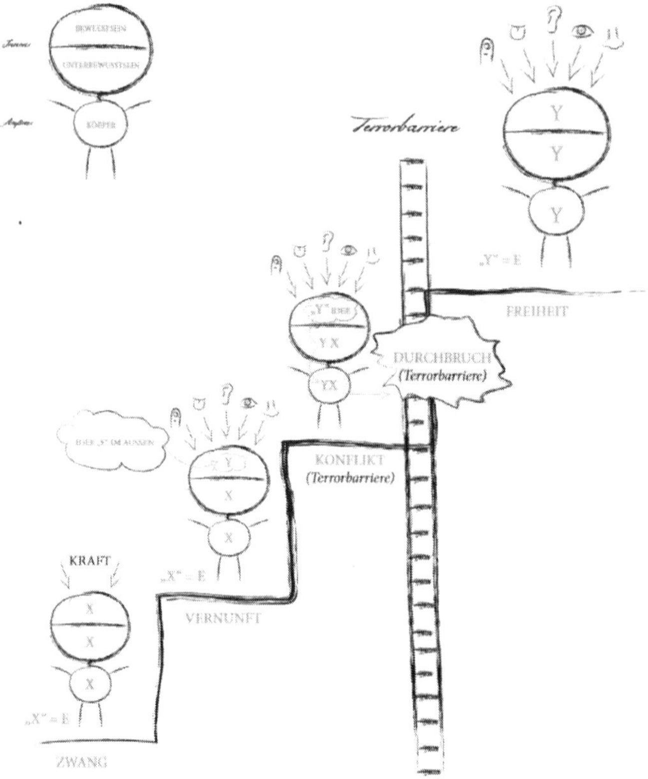

Wenn ein Mensch vor der **Terrorbarriere** steht, kommen diverse negative, limitierende Gedanken auf. Auch wenn er das Gute erkennt, dass er sich wünscht, weiß er nicht, woher er die Kraft und Energie nehmen soll, um sein Ziel zu manifestieren. Es gibt nur ein Problem in dieser Welt: Unwissenheit.

Unwissenheit ist der größte Faktor, der Menschen davon abhält, die Terrorbarriere hin zur Freiheit zu durchbrechen. Der Mensch sieht nicht, wo das Geld, die Hilfe und all die Dinge, die er braucht, um die Idee Y zu manifestieren, herkommen können. Seine Unwissenheit führt zu einem limitierenden und destruktiven mentalen Prozess.

Dieser Prozess verursacht ein Unwohlsein, welches dazu führt, dass die bewusste Wahrnehmung sich nur auf das Negative und damit auch allgemein auf die negative Seite in seinem Leben konzentriert. Diese Art zu denken hält sie davon ab, den Weg zum Ziel zu verfolgen.

1. Zweifel oder Sorgen registriert der Mensch auf der Bewusstseinsebene.

2. Wenn der Zweifel im Innern ankommt, verursacht er Angst auf der Unterbewusstseinsebene.

3. Diese Angst äußert sich auf die einzige mögliche Weise: durch den Körper.

4. Der Mensch äußert seine Nervosität nicht. Sie wird verinnerlicht.

5. Die Nervosität wird unterdrückt.

6. Diese Unterdrückung entwickelt sich zu Depression. Depression ist nach innen gerichtete Wut.

7. Die Depression wird zur Krankheit.

8. Die Krankheit, die sich im Körper äußert, führt dazu, dass der Körper zusammenbricht und in den Zustand von Zerfall (Desintegration) geht.

Dies alles sind negative Zustände. Gekoppelt mit dem Glauben kann jeder Einzelne dieser Zustände durch Entwicklung des Verständnisses der Naturgesetze und die Geistesfunktionen eliminiert werden. Der Mensch muss verstehen, dass nichts erschaffen oder zerstört wird.

Alles, was er je brauchen wird, ist schon hier – in welchem Zustand auch immer. All das Wissen auf dieser Welt, das es heutzutage gibt und je gab, ist zu 100 % überall auf der Welt präsent. Dasselbe gilt für die Kraft. Die Art und Weise ein Kreuzfahrtschiff, das Internet oder einen Regenschirm zu bauen bzw. zu erschaffen, war immer da. Was fehlte, war das Bewusstsein, wie man diese Dinge in Form bringt.

Wenn wir den Gesetzen und dem Prozess folgen, die uns halfen, das zu erreichen, was wir bisher in dieser Welt erreicht haben, dann können wir noch so viel mehr erreichen. Wenn sich der Mensch in die richtige Schwingung bringt, holt der Mensch sich all das ins Leben, was er braucht. Die folgende grafische Darstellung erklärt deutlich, welches unsere zwei Wege sind, die wir im Leben gehen. Ein Weg führt uns zu allem, was wir wollen. Der andere führt uns, leider, nirgendwohin.

Unwissen oder Ignoranz oder falsches Ego führt zu dem, was der Mensch nicht will. Wobei Wissen dich auf den Weg bringt, den wir alle gehen sollten. Du wirst sehen, dass das Element, das zwischen Verständnis und Wissen steht, Lernen ist. Auch wenn es viele Formen des Lernens gibt, so ist es doch die einzige Möglichkeit, bei der der Mensch das erforderliche Verständnis entwickeln kann, um einen Erfolg nach dem anderen zu feiern und dadurch das Leben zu erschaffen, welches zu genießen uns allen zusteht.

1. Das Gegenteil von Zweifel und Sorgen ist Vorfreude und das Verständnis, welches auf der Bewusstseinsebene existiert.
2. Verständnis führt zu einem Gefühlszustand, der sich Glaube nennt.
3. Glaube äußert sich auf der Körperebene in Wohlsein. Das ist eine gute Schwingung.
4. Wohlsein wird nie unterdrückt, es wird ausgedrückt. Der Mensch sendet gute Energie ins Universum. Natürlich belohnt ihn das Universum, indem es ihm gute Energie schickt.
5. Dieser Ausdruck führt zum Momentum.
6. Das Momentum wird für gewöhnlich als Zustand der Beschleunigung definiert.
7. All dies geschieht, weil der Körper in einer Schwingung befindet, die konträr zur Krankheit ist.
8. So kann der Mensch in kreativer Schwingung voranschreiten.
9. Jeder Mensch ist für sich und seine Schwingung verantwortlich.
10. Es gibt viele Techniken und Tools um die Schwingung täglich zu erhöhen.

Wie haben verschiedene Unternehmerinnen ihre Motivation aufrecht gehalten?

Hier ein paar aktuelle Beispiele aus der Businesspowerfrauen-Community.

- Mindset-Training nach Bob Procter, Suliminals, Hörbücher über Mindsetänderung, Meditation

- Ich habe meine Gedankenwelt auf den Kopf gestellt und tausendmal hinterfragt. Ich bin positiv ausgerichtet und lebe heute mein Leben selbstbestimmter, nehme alles leichter. Ich bin absolut lösungsorientiert geworden. Mir geht es jeden Tag in jeder Hinsicht besser und besser!

- Ich hab Erfolgsstorys gelesen.

- Meine Motivation war nicht immer oben und ich bin überzeugt davon, dass das bei niemandem so ist. Der Sinn befindet sich jedoch genau darin, sich wieder hoch zu kämpfen und immer weiter zu wachsen. Mit jedem Rückschlag, den man bekommt, wächst man nur noch mehr.

- Seit ich mir meine Ziele bewusst gemacht habe, bin ich in Prozessen mithilfe von Coaches weiter vorangegangen. Habe mehrere Seminare besucht. Auch den VAK-Prozess gelernt. Wo man wirklich seine tiefsten Wünsche und Träume in einem meditativen Prozess lernt und es an seine Klienten weiter vermitteln kann. Das motivierte mich immer wieder weiter zu machen. Und auch durch Annes Beispiel, das ist sehr wertvoll. Sie gibt uns Frauen einen sanften Schubs, was zu tun ist.

- Mit Meditation und immer wieder den Fokus hochhalten. In das Gefühl eintauchen, wie es sich anfühlt, wenn ich es bereits JETZT schon lebe.

- Durch positives Denken.

- Meine Hoffnung auf Liebe und die Kunst, auch mit den Rosen.

- Ich habe regelmäßig meditiert, viele inspirierende Videos geschaut und mir Coaches gesucht. Sehr hilfreich war das Erfolgsmindset-Training von Anne-Kristin Holm.

- Ich habe mich coachen lassen. Ich habe mich mit Menschen umgeben, die so denken, wie ich. Und ich habe Menschen, die mich wegen meiner Vision auslachten, nicht mehr davon erzählt. Ich habe viel gelesen, bzw. Hörbücher gehört. Ich habe mich ständig mit meinen Lieblingsthemen befasst und mich weitergebildet. Ich habe für mich entschieden, dass das Beschäftigen mit Persönlichkeitsentwicklung nicht einem Defizit entspringt, nämlich dem, dass ich mein Leben immer noch nicht im Griff hätte, sondern dass es ab sofort Teil meines neuen Berufes ist. Ich habe mir mehr Raum für mich genommen und mich von Dingen, Terminen etc. verabschiedet, die mir für meinen Plan nicht dienlich waren. Ich habe angefangen, kleine Dinge umzusetzen, und das gibt mir jetzt Energie für die größeren.

- Mit meiner Kraft und Selbstdisziplin versucht.

- Habe immer wieder an mir selbst gearbeitet, mit Fokus auf meine Ziele.

- Ich habe mein Ziel immer im Auge behalten.

- Durch die Unterstützung von Coaches, bspw. von dir. Das hat mich immer wieder motiviert, nicht aufzugeben, auch wenn Technik und Zeit große Herausforderungen waren.

- Eigentlich einfach (als ich es endlich verstanden habe) - meine Energiebilder haben mich getragen. Davon habe ich die Energie bekommen, um ein neues, erfolgreiches und selbstständiges Leben zu führen. Gleichzeitig konnte ich mit meiner Nahtoderfahrung Frieden schließen und diese einzigartige Erfahrung in mein Leben integrieren und davon profitieren.

- Immer dran geblieben, Annes Lektionen umgesetzt, alle Live-Coachings aktiv mitgemacht, Verbesserungsvorschläge umgesetzt, mir verziehen, wenn es nicht nach meinen Erwartungen und Vorstellungen lief. Annes Mindset-Training mitgemacht und umgesetzt und dadurch mich selbst und mein Verhalten und mein Denken verändert und auf Erfolg eingestimmt. Visualisiert, Visionboard gebastelt, mir täglich mein Ziel vorgelesen, auch Annes tägliche Einstimmung in der FB-Gruppe aktiv mitgemacht.

- Das war meine Zielstrebigkeit. Es gab kein Abbrechen oder Aufhören, das Ding wird durchgezogen, Stück für Stück. Es hat ja auch so viel Spaß gemacht. Ich liebe dieses Wissen. Oder es ist genau das. Ich liebe meine Arbeit, aber Arbeit ist es eigentlich auch nicht.

- Durch verschiedene Coachings, ganz besonders durch das Coaching und die wertvolle Unterstützung von dir, liebe Anne-Kristin Holm, zuletzt besonders durch das Schreiben eines Buches. Das Buch heißt: Zu lebendig für Krebs?! Meine Motivation wird immer größer, je mehr ich "mein Eigenes" mache. Das geht aber erst jetzt, nach einer langen Vorlaufphase. Wenn die Motivation mal absackt, dann weiß ich, dass eine Pause oder ein Austausch in der Community fällig ist.

ERFOLG

„ERFOLG ist eine ENTSCHEIDUNG, die du immer wieder und zu allem treffen kannst ... Die beste Version von dir sieht für andere IMMER besser aus als für dich selbst.

Anne-Kristin Holm

Ich möchte dich dazu motivieren, dieses Kapitel aufmerksam zu lesen, denn es kann dazu führen, dass du schneller deine gewünschten Ergebnisse erhältst. William James sagte, „Die größte Entdeckung meiner Generation war, dass man sein Leben ändern konnte, indem man seine Einstellung änderte." Somit hätten wir hier schon des Rätsels Lösung, oder?

Lass uns einen Schritt weiter gehen. Einstellung ist die Zusammensetzung deiner Gedanken, Gefühle und Handlungen. Einstellung ist nicht nur deine Gedanken oder nur deine Gefühle, sondern deine zusammengesetzten Gedanken und Gefühle, die sich in deinen Handlungen ausdrücken. Um dies richtig zu verstehen, musst du dir die Beziehung von Geist und Körper genauer ansehen und auch verstehen, wie das Bewusstsein und Unterbewusstsein funktionieren und auch noch WIE sie in Beziehung zueinander funktionieren.

Das Thema Einstellung ist so wichtig, dass wir uns die Zeit nehmen wollen und jeden Teil davon ansehen und sie dann zusammenführen. Wir haben gesagt, Einstellung ist die Zusammensetzung von Gedanken, Gefühlen und Handlungen.

Sehen wir uns zunächst die **Gedanken** an.

Eine kreative Kraft fließt in dein Bewusstsein. Sie hat keine Form. Sie ist einfach da. Sie ist weder positiv noch negativ. Wenn du anfängst, deine höheren Fähigkeiten zu nutzen, und dieser Kraft Form gibst, beginnt die erste Stufe der Einstellung. Du baust hier entweder ein positives oder negatives Bild. Durch Schwingung, Worte, Gesten und Schrift wird dieses Bild ausgedrückt.

Entweder verinnerlichst du dieses Bild oder nicht. Zum Beispiel liest du eine schlechte Neuigkeit in der Zeitung oder hörst einer Person zu, die etwas Negatives berichtet. Dabei hat nichts davon einen emotionalen Effekt auf dich. Auf der Bewusstseinsebene hast du die Fähigkeit jede Idee, egal ob du sie selbst entwickelt hast oder sie von außen kommt, zurückzuweisen oder zu akzeptieren. Wenn diese Idee nicht verinnerlicht wird, wird sie keinen Effekt auf deine Gefühle oder deinen Körper haben.

Lass uns schauen, was passiert, wenn diese Idee verinnerlicht wird.

Die frühen Griechen sahen das Unterbewusstsein als das Herz an. Damit meinten die Griechen allerdings nicht das physische Herz, sondern das Unterbewusstsein, welches deduktiv ist. In anderen Worten, das Unterbewusstsein hat keine Fähigkeit, etwas zurückzuweisen, das in es hineingepflanzt wird. Es kann nicht zwischen gut und schlecht unterscheiden, und hat keinen Sinn für Humor. Es ist vollkommen subjektiv. Was auch immer ins Unterbewusstsein eingepflanzt wird, wird akzeptiert und gleichzeitig im Körper ausgedrückt.

Das Unterbewusstsein ist die universelle Seite deiner Persönlichkeit. Es verbindet eine Person mit der nächsten. Es erkennt nicht Zeit und Raum und kommuniziert über Schwingung. Wenn wir darüber sprechen, Herzen miteinander zu verbinden, meinen wir damit, dass zwei Menschen auf derselben Frequenz in Raum und Zeit sind.

Die Natur der Idee, die in unser Unterbewusstsein oder in unser Herz eingepflanzt ist, bestimmt die Schwingung oder die Emotion, die sich äußert, also das **Gefühl**. Wenn es eine negative Idee ist, drückt der Mensch negative Schwingungen und Gefühle aus. Wenn es eine positive Idee ist, sind es positive Schwingungen und Gefühle.

Du hast die Fähigkeit, intuitiv die Schwingung einer anderen Person zu übernehmen. Wenn die Person dir gegenüber in negativer Schwingung ist, übernimmst du diese Energie. Wenn du fühlst, dass jemand in Schwierigkeiten steckt, ist es sehr wahrscheinlich, dass sie wirklich gerade vor Schwierigkeiten steht. Fang damit an, deiner Intuition zu glauben, zu vertrauen und sie zu nutzen. Denk dran, dass wir Menschen das Wort *Gefühl* entwickelt haben, um das Bewusstsein von Schwingung zu beschreiben. Deine Intuition arbeitet mit Gefühlen. Du

fühlst es ja selbst.
Jetzt schauen wir uns den dritten Aspekt der Einstellung an: **Handlung**.

Der Körper handelt. Er ist das Instrument, durch den sich das Bewusste und das Unbewusste ausdrücken können. Welche Idee auch immer ins Unterbewusstsein eingepflanzt ist, drückt sich durch die Schwingung der Körpermoleküle aus. Wenn diese Schwingung stark wird, muss sich der Körper bewegen.

Wenn der Geist in einem Konflikt steht oder verwirrt ist, zeigt sich diese Verwirrung auch im Handeln der Person. Dort fängt er an; und an einem anderen Ende hört er auf. Er beginnt ein Projekt, bringt es nicht zu Ende und lässt es liegen. Dann fängt er etwas Neues an. Seine Handlungen sind chaotisch. Er erreicht nichts. Seine Umgebung ist chaotisch.

Wenn aber seine Gedanken und Gefühle sowie sein bewusster und unbewusster Geist in Harmonie und in geordnetem Zustand sind, äußerst sich diese Ordnung in seinen Handlungen. Diese Person ist also **fokussiert**. Sie ist produktiv und erreicht in der gleichen Zeit mehr als diejenigen Menschen, die im Chaos leben.

Nimm das Bild von Dr. Thurmann Fleet of San Antonio mit in den Alltag und beobachte dich, deinen Geist und deinen Körper in allen Situationen.

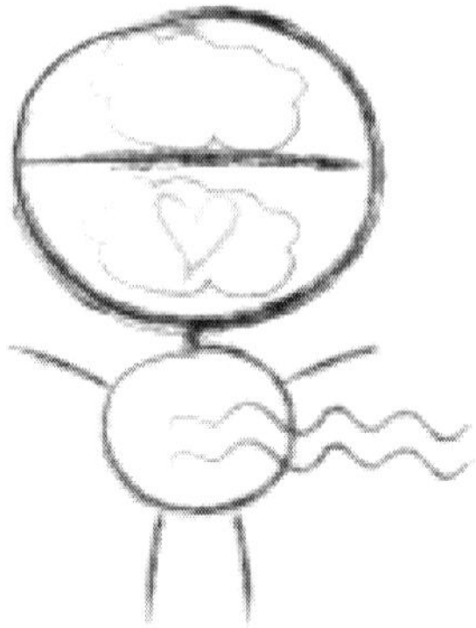

Was mache ich mit dem, was noch an mir haftet und mich belastet?

Mein Mentor sagte zu mir: „Die Dinge, die dich belasten, wie deine Vergangenheit oder Verletzungen, Enttäuschungen, die lässt du einfach los. Du musst nichts weiter dafür tun! Du entscheidest dich einfach jeden Tag neu." Mehr dazu findest du auch im Buch LOL²A-Prinzip: Die Vollkommenheit der Welt von Rene Egli.

Wenn sich die Einstellung eines Menschen ändert, verändert sich auch die Welt, in der er lebt. Wenn sich die Einstellung ins Negative entwickelt, läuft auch sein Leben in diese Richtung. Genauso verbessert sich bei positiver Einstellung dein Leben. Die Medien kontrollieren die Einstellungen der Menschen bis zu einem gewissen Grad. Dennoch ist den Medien nicht die Schuld zu geben. Bedingungen oder Umstände haben nie Schuld. Wenn wir ein Problem haben, ist es unsere bewusste Wahl, woher das

Problem kommt. Ähnlich ist es, deine bewusste Wahl zu entscheiden, wo dein zukünftiger Erfolg beginnt.

KINDER

„KINDER sind unsere ZUKUNFT, die du mit formst ... Du als Vorbild bist die beste Vorbereitung für die Zukunft unserer Kinder."
Anne-Kristin Holm

All das Wissen, welches dir hilft, ist sehr sehr wertvoll, wenn du es auch an deine Kinder weitergibst. Bring deinen Kindern vor allem bei, die schönen Gefühle wahrzunehmen. Bring deinen Kindern bei, das Träumen zu erhalten und ihre Ziele zu manifestieren.

Manuela Knott, auch aus der Businesspowerfrauen-Community, schrieb ein E-Book, „Was Kinder zum Glücklichsein brauchen", aus Sicht einer Pädagogin und Erzieherin, die es sehr treffend auf dem Punkt bringt. Für alle Unternehmerinnen, die auch Mutter sind wie ich: Bitte nimm dir diese Zeilen für deine Kinder zu Herzen!

In meinem Buch schreibe ich darüber, wie Kinder innere Motivation bekommen und wie wichtig es ist, dass Eltern respektvoll und anerkennend ihrem Kind gegenübertreten. Aktives Zuhören, welches den Kindern Raum gibt und wie wichtig Struktur im Tagesablauf für die Kinder sind, ist ebenso ein Teil meines E-Books. Zum Thema Bewusstsein erläutere ich, dass sich die Kinder wieder seiner selbst - bewusst - werden sollten und was dahinter genau steckt. Bedingungslose Liebe und Vertrauen sind sehr wichtig, damit das Urvertrauen des Kindes aufgebaut wird. Von großer Bedeutung ist, dass die Kinder ihre Gefühle zeigen dürfen, da jedes Gefühl seine Berechtigung hat. Partizipation, was Mitbestimmung bedeutet, ist auch in unserem Bildungs- und Erziehungsplan ein großer Bereich. In dieser hektischen Zeit sollte darauf geachtet werden, dass die Kinder genügend Auszeit und Freispielzeit haben - also der richtige Ausgleich zu Anspannung und Entspannung. Dass Kinder ohne Umarmungen nicht gesund aufwachsen können, dürfte nichts Neues sein. Da viele Familien wenig Zeit zum Kochen haben, gibt es oft Fast Food oder dergleichen, es fordern aber immer mehr Kinder gesundes Essen ein - was auch bei einer Umfrage mit Kindern herauskam. Sie möchten sogar nur Fleisch von tiergerechter Haltung verzehren. Grenzen zu setzen gibt den Kindern Sicherheit. Dass die Grenzen der Kinder gewahrt werden, ist ein Kinderrecht und Gesetz. Du kannst als Elternteil Vorbild sein, sodass dein Kind bewertungsfrei aufwächst, also mit anderen Menschen tolerant umgeht, egal welcher Herkunft sie sind, welches Geschlecht sie haben oder ob jemand ein Handicap hat. Eltern fragen sich immer wieder, was das richtige Maß vom „Festhalten" und „Loslassen" ist. Wann braucht mein Kind genügend „Welpenschutz" und wann darf es sich autonomer bewegen. Am ehesten merken wir, dass ein Kind seelisch gesund ist, wenn es ein positives Selbstbild von sich hat.

Hier gibt es bestimme Formulierungen, die uns darauf hinweisen, ob ein Kind bereits negative Glaubenssätze entwickelt hat oder nicht. Und erschreckend ist, dass Kinder teilweise schon im Kindergarten- und Grundschulalter negative Glaubenssätze entwickelt haben, welche man aber gut wieder auflösen kann, indem man sich einen guten Kinder– und Jugendcoach/Familiencoach ins Boot holt. Das sind einige Punkte, über die ich in meinem E-Book schreibe, weil die Herausforderungen in der heutigen Zeit immer mehr werden. Und woran liegt das? Ein Grund ist, dass beide Eltern Vollzeit berufstätig sind oder ein Elternteil nicht anwesend ist. Dass diese oben genannten Punkte absolut wichtig für dein Kind sind - ist klar, aber wenn Eltern die Zeit nicht dazu haben, wird es schwierig auf alles so gut eingehen zu können.

Deshalb denken immer mehr Eltern darüber nach sich selbstständig zu machen, um von zu Hause aus arbeiten zu können. So können Eltern für ihr Kind da sein, sich ihre Zeit frei einteilen und wenn das Kind einmal krank ist, muss es nicht von jemand anderem versorgt werden. So ist das Kind in seinem gewohnten Umfeld. Ich will euch damit Mut machen, euch über das Thema Selbstständigkeit Gedanken zu machen, weil es einige Vorteile mit sich bringt, vor allem, wenn man ein Kind hat. Anne-Kristin Holm ist hier das beste Beispiel dafür, wie man es schaffen kann.

Kinder brauchen Struktur, einen geregelten Tagesablauf und Eltern, die für sie da sind. Die sie bedingungslos lieben und ihnen Halt geben. Eine Mutter oder ein Vater, die von zu Hause aus arbeiten sind für Kinder sehr wertvoll. Denn Kinder werden oft schon ab drei Monaten in eine Kindergrippe gegeben, obwohl in dieser Zeit immer noch die Phase ist, in der das Urvertrauen aufgebaut wird. Durch

ständigen Personalwechsel und Personalmangel in der Kinderkrippe ist dies nicht möglich.
Kann ein Kind kein richtiges Urvertrauen aufbauen, wird es im späteren Leben große Schwierigkeiten in allen zwischenmenschlichen Beziehungen bekommen. Es muss nicht sein, aber die Wahrscheinlichkeit ist sehr hoch.

Dies soll nicht heißen, dass dein Kind nicht in eine soziale Einrichtung gehen sollte, aber die ersten Lebensjahre sind für die Entwicklung deines Kindes enorm wichtig und prägend. Vielleicht denkst du gerade jetzt über Selbstständigkeit nach, denn du möchtest dein Kind doch stark machen für die Zukunft und für sein weiteres Leben, oder?

AUTORIN

„Vom Sozialismus zum Kapitalismus zum „Digitalismus“ oder von der Jungpionierin zur Pionierin der neuen Zeit ... mit einem einzigartigen Bewusstsein“
Anne-Kristin Holm

Anne-Kristin Holm ist 1978 in der ehemaligen DDR als 2. Tochter von 4 Mädchen in eine Lehrerfamilie geboren worden. Im Schulalter erlebte sie den Mauerfall und nahm mit den Kinderaugen wahr, wie sich die Welt von heute auf morgen ändern kann. Die Lebensumstellung war auch bei den Klassenkameraden zu spüren, wo sich die Familien trennten, Mütter und Väter ihre Jobs und ihre Ideologie verloren. Direkt nach dem Studium der Betriebswirtschaftslehre verließ Anne-Kristin Holm bewusst ihr Umfeld und zog nach Berlin. Sie suchte sich ein positiveres Umfeld und fand es in der gehobenen Hotellerie als Vertriebsleitung.

Das Thema dieses Buches ist ihr Herzstück, denn es fließen viele Ereignisse ihres Lebens mit hinein.

Sie bewirkt mit ihren Trainings und Workshops viel Veränderung bei den Teilnehmerinnen und wirkte an über Hunderten Businesspowerfrauen-Erfolgsgeschichten mit. Durch die Arbeit mit den selbstständigen Unternehmerinnen erkannte sie, wo es bei den meisten Frauen an Vertrauen oder Wissen fehlte, und wie sie das schnell auffüllen konnten. In den Workshops erzielten die Teilnehmerinnen am schnellsten Erfolge und bleiben auch hinterher in der Umsetzung. Es zeigte sich immer wieder, wie wichtig das Selbstbild und die Gedanken sind. Die Workshops der Businesspowerfrauen sind deshalb so erfolgreich, weil die Unternehmerinnen schon gekleidet kommen als die erfolgreichen Businesspowerfrauen, die sie werden wollen! Somit beginnt der Veränderungsprozess bereits daheim mit der Wahl der Kleidung und der Auseinandersetzung des Bildes zu der eigenen Person!

Wie wichtig das Mindset bei dem Schritt von der Angestellten zur selbstständigen Unternehmerin ist, zeigte sich auch bei Anne-Kristin, denn ihr Mindset musste sie aktiv auf Erfolg einstellen. Durch die fast zwanzig Jahre als Angestellte war sie unbewusst geprägt worden als Angestellte zu funktionieren und glücklich zu sein! Durch beharrliches Anwenden dieser Schritte in diesem Buch hat es Anne-Kristin Holm geschafft, ihr Mindset auf Erfolg einzustimmen. Heute bringt sie dies anderen Unternehmerinnen bei, die sich gerade auf den Weg machen und nach mehr Selbstvertrauen und Unerschütterlichkeit suchen. Dazu hat sie eine Facebook-Gruppe gegründet, wo sie von Montag bis Freitag 08:30 Uhr eine immer neue Mindset-Übung anbietet, die genau auf die Frauen passt, die daran teilnehmen.

Das Besondere an ihren Trainings und Übungen ist, dass Anne-Kristin sehr viel eigene Emotion einbringt und die Frauen versteht zu pushen, sodass sie sich stärker und mächtiger fühlen! Sie versteht es, den Teilnehmerinnen komplizierte Sachverhalte einfach zu erklären, damit sie anwendbar und wirksam sind. Mit Geschichten ihrer eigenen Entwicklung vermittelt sie das Wissen so fühlbar, dass sich dabei schon ganz viel bei den Teilnehmerinnen lösen kann. Es ist so, als ob jedes Mal eine Verbindung entsteht oder wieder gestärkt wird zwischen all den teilnehmenden Frauen. Hier geht es um die Herzverbindung zwischen den Teilnehmerinnen. Die Trainerin nimmt sich völlig zurück, um den Frauen den Raum zu geben, sich zu erkennen, zu erinnern und wieder ganz in ihre Stärke und Kraft zu kommen, die immer schon da war!

UNTERNEHMERINNEN

Ein besonderer Dank geht an die folgenden Businesspowerfrauen, die sich hier in dieses e-Book eingebracht haben mit ihren Träumen, Zielen, Hindernissen und dich damit motivieren wollen:

- Manuela Knott
- Sandra Julier
- Verena Cares
- Irene Franke
- Imke Simons
- Erika Schuhmann
- Kerstin Schubert
- Birgit Mennekes
- Sabine Imhof
- Sunara Magdalena Hederich
- Ursula Niederee
- Ilona Bootz
- Natascha Schlienz

- Anita Ponweiser
- Silke Johanns
- Dagmar Feeser
- Jana Hermann
- Olga Blank
- Iris Windheuser
- Dr. Marion Kauderer
- Tanja Käfer
- Dr. Marlene Petritsch
- Jutta Suffner
- Melanie Thormann

ERFOLGSGESCHICHTEN

Tanja Käfer

Vor 1,5 Jahren bin ich in mein neues Leben gestartet. Damals war ich noch im Angestelltenverhältnis in einer Teilzeitstelle. Der Job war eigentlich sehr herausfordernd und toll, doch mein Herz war nicht dabei. Ich war sehr unzufrieden und immer gestresst. Morgens früh aufstehen und die Kinder wecken, um sie zur Schule zu bringen, immer der gleiche Alltagstrott. Danach ging es weiter zur Arbeit. Bei der Arbeit hatte ich so viel zu tun und war ständig unter Druck. Dieser Druck wurde tagsüber bei der Arbeit immer stärker, denn ich war so angespannt aus Angst, mit meiner Arbeit nicht fertig zu werden um rechtzeitig die Kinder von der Nachmittagsbetreuung abzuholen.

Meine Unzufriedenheit spürte meine Familie, vor allem mein Mann. In meiner Freizeit war ich wieder mit den Gedanken bei der Arbeit, die mir keine Freude bereitete. Ich wollte aber nicht den Job wechseln. Ich spürte, dass ich zu „Mehr" bestimmt war. Dieses „Mehr" war meine Berufung. Ich wollte Menschen helfen, auf meine Art, mit meinen Fähigkeiten. Ich hatte den Weg in meine Berufung schon damals nebenberuflich eingeschlagen, doch ich hatte nur sehr wenige Kunden, denn ich hatte von Marketing keine Ahnung. Ich war sehr frustriert und wollte alles aufgeben. Doch mein Gefühl sagte mir, dass ich gar nicht aufgeben konnte! Ich hatte einen inneren Antreiber. Und so folgte ich meinem Gefühl und traf eine Entscheidung und löste eine Blockade nach der anderen, um meinen Traum leben zu können.

Eine Entscheidung hat mich ins Marketingtraining zu Anne-Kristin Holm geführt.

Heute ist es als Coach meine Aufgabe, die emotionalen Blockaden bei Frauen zu lösen und sie in ihrer Selbstverwirklichung zu unterstützen. Das bedeutet sie erkennen ihre Passion, werden selbstbewusst und verändern ihre Lebenseinstellung, was zu einem erfüllten und glücklichen Leben führt.

Meine größte Motivation ist mein inneres Gleichgewicht. Ich weiß, wenn ich im Ungleichgewicht bin, sind auch meine Kinder und meine Beziehung im Ungleichgewicht. Seitdem ich meine Berufung lebe, bin ich viel ausgeglichener, ich habe keinen Stress mehr und ich bin einfach glücklich und mit mir selber im Reinen. Mein Körper, Geist und meine Seele sind im Einklang, weshalb ich auch keine Kopfschmerzen mehr habe, die mich früher im Angestelltenverhältnis sehr belasteten. Ich bin so befreit und kann immer für meine Kinder da sein, denn ich arbeite die meiste Zeit von zu Hause aus. Wenn meine Kinder krank sind, kann ich sie in Ruhe zu Hause auskurieren lassen.

Ich lebe meinen Traum! Das ist aber nur möglich, weil ich an mich glaube. Jeder kann alles schaffen, was er schaffen will!

Dr. Marlene Petritsch

Als ich zum Jahreswechsel die Entscheidung traf, ein Online Coaching Programm zu buchen, staunte ich nicht schlecht, als sich schlagartig etwas in mir und bei meiner Gesundheit veränderte, und das alles passierte in wenigen Tagen, aufgrund einer einzigen Entscheidung. Bis zu diesem Zeitpunkt lehrte ich an der Universität, unterrichtete Studentinnen und Studenten und begleitete Doktoranden in ihren akademischen Abschlüssen. Nebenbei hielt ich Führungen und Vorträge im ortsansässigen Schulmuseum. Mein Gewerbe der Unternehmensberatung, in dem ich hauptsächlich als Trainerin und Coach Personen in arbeitsmarktpolitischen Maßnahmen begleitete, Führungskräftetrainings durchführte und Gutachten sozial schwächerer Familien für Jugendämter schrieb, war auf-grund der Geburt meiner beiden Kinder zu dem Zeitpunkt nicht aufrecht. Ich verdiente zu diesem Zeitpunkt knapp 600 Euro, ja richtig gelesen! Drei Monate nach der Geburt meines Sohnes entstand mein Buch, eine Studie, bei der ich jahrelang an einer altösterreichischen vergessenen Kultur in Siebenbürgen forschte. Die harte Arbeit war ich also gewohnt und sie gehörte zu meinem Leben, wie das geringe Einkommen auch. Mein Körper reagierte darauf, anfänglich mit einer Schwellung im Gesicht, die sich schließlich auf den gesamten Körper ausdehnte und mich wie ein Michelin-Männchen erscheinen ließ. Mein „innerer Zustand" zeigte sich äußerlich. Vor Schmerzen kam ich morgens nur mehr mit fremder Hilfe aus dem Bett. Zudem sollten die Mandeln nach ständig wiederkehrenden Entzündungen entfernt werden. Dann traf ich eine Entscheidung und wusste, dass Ich bis zum 3. Geburtstag meines Sohnes zu 100% wieder in der Selbständigkeit sein werde.

Anderen Menschen zu helfen war meine Lebensaufgabe und ich sah das Ziel vor meinen Augen.

Ich buchte ein Coachingpaket für damals 10.000 Euro und plötzlich veränderte sich mein gesamtes Leben in allen Bereichen. Seitdem habe ich mir ein Leben kreiert, bei dem sich mein Job wie Urlaub anfühlt. In diesem Jahr reiste ich auf unterschiedlichste Businessseminare und in die schönsten Hotels. Vom Wörthersee fahre ich nach München, bereise Städte in Slowenien, Kroatien, Italien und fliege nach Frankfurt sowie nach Mallorca, um mich mit Businesspowerfrauen und -männern an den schönsten Orten der Welt zu treffen. Meine Beziehung zu meinem Partner, die ich letztes Jahr bereits aufgegeben hatte, hat sich gebessert und wir führen ein harmonisches Familienleben mit unseren beiden Kindern. Mein Einkommen hat sich drastisch erhöht und in einem Monat war ich plötzlich fünfstellig. Das alles ist möglich geworden, weil ich eine einzige Entscheidung getroffen, (m)ein Herzensbusiness lebe und ein ideales Geschäftsmodell an die Hand bekommen habe. Ein Modell, bei dem Du Deine Fähigkeiten und Talente nutzt und Frauen (und mittlerweile auch immer mehr Männer) hilfst, Probleme in ihrem Leben oder Business zu lösen. Dabei bietest Du ihnen Dein Know-how in verschiedenster Form an. Ich habe die Form eines Online Coaching Programms gewählt, weil ich Frauen und Männern helfe, ihre Probleme in ihrem Leben zu ihrer Lebensaufgabe zu machen und sie darin unterstütze, Kunden zu gewinnen. Zudem bringe ich sie mit ihrer Lebensaufgabe, dass mit ihnen gemeinsam zu ihrem Businessmodell erarbeitet wird, als Expertin oder Experte ins Fernsehen. Die Transformation der Glaubenssätze ist Hauptbestandteil des Programms, die es der Klientin erlaubt mit ihrer „inneren Führung“ und ihrem daraus resultierenden aufgebauten

starken Mindset als „Leaderin der neuen Zeit“ anderen Menschen zu helfen.
So entsteht eine neue Art von Bewegung, wo Bewusstsein verändert und dadurch ein wesentlicher Beitrag in der Gesellschaft gestiftet wird. Mit gezielter Fragestellung kommt die Klientin zu ihrer wahren Vision. So haben meine Klientinnen ihr Angestelltenverhältnis gekündigt, sind mit ihrem Herzensbusiness durchgestartet und haben Kunden gewonnen.

Mit meinen eigenen Erfahrungen und den Ergebnissen meiner Klientinnen und Klienten aus diesem Jahr habe ich gesehen, dass das goldene Zeitalter für „Leaderinnen und Leader der neuen Zeit“ begonnen hat und wir mit unserer Arbeit nicht nur Bewusstseinsveränderung schaffen, sondern die Welt zu einem besseren Ort machen. Danke an alle Businesspowerfrauen und -männer, vor allem an Anne, die es mit diesem Buch ermöglicht viele Frauen zu erreichen und damit einen wesentlichen Beitrag in der Gesellschaft zu stiften!

Jutta Suffner

Ursprünglich ganz solide aufgewachsen und wie es sich gehörte natürlich das Abitur gemacht, startete ich als MTRA in Köln mein berufliches Gesundheitsleben. Zwei Jahre danach in einer großen Klinik durfte ich tolle Erfahrungen machen. Aber das war mir irgendwie zu wenig. Also … auf zum Studium der biomedizinischen Technik an die THM nach Gießen. Auch hier nicht normal eine Diplomarbeit schreiben, sondern ab nach Kanada, genauer gesagt Halifax. Dort blieb ich fast ein Jahr zum Erstellen meiner Diplomarbeit. Dabei ging es in der

Forschung darum, degenerative Erkrankungen besser und früher mittels Kernspintomografie erkennen zu können. Es war ein aufregendes Jahr mit viel Schnee. Oft durfte ich morgens erst mal das Auto ausgraben, um überhaupt zur Klinik fahren zu können. Pech, wenn ich das des Nachbarn ausgegraben hatte. Er freute sich und ich grub wieder los …

Back in Germany folgte ein relativ normales Berufsleben mit einem Jahr Strahleninstitut und dann ab in die Industrie. Unterschiedliche Unternehmen mit Sonografie (Ultraschall) als Anwendung, Entwicklung, etc. Ich habe für den Ultraschall wirklich gelebt, parallel dazu noch für die Musik. Dann kam 1999 der große Einschnitt … ich konnte keine Treppe mehr hochgehen, hatte kaum Luft, war fix und alle. Keiner fand etwas, angeblich psychosomatisch. Irgendwann dachte ich selbst: „Na, jetzt hast du echt einen an der Waffel“. Ein Kardiologe riet mir: Trainieren Sie … es ist alles in Ordnung. Das war genau das Falsche. Ich klappte völlig zusammen, lag mit einer Herzmuskelentzündung auf der Intensivstation in einer großen Klinik. Die Odyssee begann: fast ein Jahr im Bett, drei Jahre Rente und dann noch mal sechs Jahre, bis ich wieder halbwegs fit war. Entgegen allen Prognosen. …ich habe es geschafft und bin trotz anderer Aussagen heute, im Alter von 53, fit und gesünder denn je. Es folgten nach meiner Genesung weitere Jahre im Sonografiebereich; der damalige CEO hatte mir meine Stelle drei Jahre freigehalten. Das habe ich ihm nie vergessen. Grandios.

Von der Festanstellung bin ich dann in die Freiberuflichkeit gestartet als Consulter beim gleichen Unternehmen. Hunderte von Kliniken durfte ich besuchen, Tausende von Sonografieuntersuchungen begleiten und durchführen, von Frühchen bis zur Neurochirurgie, von der Stroke Unit (Schlaganfalleinheiten) bis zur Pädiatrie und Onkologie.

Dieses ganze Wissen ist für mich heute ein unendlicher Schatz, um solide und fundiert Gesundheit und Medizin weiterzugeben; vor allen Dingen aber um Brücken zwischen der Schulmedizin, der Naturheilkunde und der Informationsmedizin zu bauen. Seit meiner Genesung wusste ich: Es gibt mehr zwischen Himmel und Erde. So beschäftigte ich mich mit Vitalstoffmedizin, machte Zusatzausbildungen in Orthomolekularmedizin, Quantenmedizin und vielen anderen, der Naturmedizin nahen Fächern.

2014 kündigte ich von jetzt auf gleich. Ich wusste, dass es das nicht mehr sein kann. 2015 hatte die Vision eines Gesundheitszentrums. Geld, hm, woher Geld bekommen? Also auf zur Bank und einen Businessplan schreiben. Keine Ahnung, wie das ging, aber auch das klappte. Zur richtigen Zeit kommen immer die richten Engel ins Leben. Keiner dachte jedoch, dass man mir das Geld gibt. Aber ich war so überzeugend, dass ich nach kurzer Unterhaltung ein Nicken des Bankbeamten hatte und mein Grinsen dazu.

Jetzt brauchte ich aber den bestandenen Heilpraktiker um abrechnen zu dürfen. Also, Anmeldung und Prüfung bestehen. Parallel durfte ich meinen Vater auf seiner Heimreise begleiten und das war emotional sehr bewegend. Aber er begleitet mich heute noch in schwierigen Fragen. 2016 startete ich dann das Gesundheitszentrum mit eigener Praxis. Ich nutze die sog. Deltascan-Methode, ein quantenphysikalisches System, mit großem Erfolg. Was mich sehr bewegte, war, dass immer mehr Menschen mit chronischen Erkrankungen in meine Praxis kamen.

Ich fragte mich warum und wieso nimmt das immer mehr zu? Ursachen wollte ich finden und nicht Symptome bekämpfen. Schon bei meiner Diplomarbeit war ich ja mit neurodegenerativen Erkrankungen beschäftigt, deren Ursache letztendlich in stillen Entzündungen liegt. Auch meine Herzerkrankung damals war … eine stille verschleppte Entzündung. Irgendwann kam die Blaubeere in mein Leben. Mit viel, viel Arbeit habe ich mit einer lieben Freundin zusammen angefangen, ein Extrakt auf den Markt zu bringen, welches genau hier ansetzt. Interviews gab ich bei div. TV Sendern, um einfach die Blaubeere in die Welt zu bringen. Aber der Weg ist steinig, denn die Pharmaindustrie mag gute Produkte nicht. Dies endetet darin, dass ich zwei Unterlassungserklärungen unterschreiben „durfte". Aber genau deshalb machen wir weiter. Gerade jetzt. Die Patienten machen Mut, jeden Tag.

Mein Interesse gilt jetzt der Weitervermittlung meines über 30 Jahre gesammelten Gesundheitswissens in Vorträgen, Webinaren etc. Die Praxis läuft parallel, aber nur wenige Tage pro Woche führe ich dort den Deltascan durch. Dies kann auch per Ferne durchgeführt werden. Die entfernteste Patientin lebt in Neuseeland, andere in Indien, USA. Noch nie habe ich so viel gearbeitet wie in den letzten Jahren, noch nie dachte ich so oft: Es geht nicht mehr, aber irgendwo kommt immer ein Lichtlein her.

Wunderbare Menschen kamen und kommen immer noch in mein Leben. Brückenbauerin zwischen den Welten der Schulmedizin, Naturheilkunde und Informationsmedizin. Dies ist meine Leidenschaft und dafür lebe ich.

Aber viel wichtiger ist es, den Menschen Mut zu machen: Hey, es ist alles in Euch. Ihr seid der Schöpfer Eures Lebens. Glaubt niemandem, nur Euch selbst. Wenn Ihr krank seid, habt Ihr alle Kraft, wieder gesund zu werden. Auch ich habe es geschafft. Laut Schulmedizin gibt es mich in dieser Form nicht mehr, aber ich finde mich echt lebendig.

Alter, was ist denn Alter? Es ist nicht die Frage, wie alt man wird, sondern WIE man alt wird.
Ich bin jetzt 53 und mein Leben ist JETZT. Vor 20 Jahren stand ich auf der Klippe und an der Lebens-Entscheidung. Ja, es war hart, aber ich bin dieser Zeit unendlich dankbar, denn ohne diese Erfahrungen würde ich diese Zeilen jetzt nicht schreiben.

Nutzt Euren inneren Arzt, denn er ist definitiv da. Redet mit ihm. Nutzt Eure Spiegelneuronen. Hast du zum Beispiel schon mal gemerkt, dass du automatisch anfängst zu gähnen, wenn Dir jemand gähnend gegenüber sitzt? Genau das ist die Aktivität deiner Spiegelneuronen. Dein Unterbewusstsein kann nicht unterscheiden, ob etwas im Außen passiert und du es nur siehst oder ob es bei dir abläuft. Und das ist DEINE Chance. Stell dir alles bildlich mit geschlossenen Augen vor: egal was, ob es dein Traumberuf ist, dein neuer Partner, Gesundheit, was auch immer.

Aber und das ist der Schlüssel: Verbinde es mit GEFÜHLEN, denn nur das kurbelt deine biochemische Kaskade im Körper an.

Glaub an dich, denn sonst tut es niemand. Aber: glaube auch nicht alles, was du denkst.

Melanie Thormann

Als einzige Tochter einer Mittelstandsfamilie kannte ich nur die Welt als Arbeitnehmer durch meine Eltern, Großeltern und andere Verwandte. In unserem Umfeld gab es nur sehr wenige Unternehmer und somit zählte das Motto „Nur durch harte Arbeit wirst du reich“. Doch ich stellte für mich früh fest, dass ich nicht „angestellten-tauglich“ bin. Ich wollte irgendwie mehr erreichen. So dachte ich mir bereits noch in der Schulzeit, dass ja dreizehn Schuljahre irgendwie nicht umsonst sein könnten. Trotzdem wählte ich zunächst den altbekannten Weg.

Nach Abitur und kontroverser Ausbildung zuerst als Chemielaborantin, dann Fern- und Wochenend-Studium des Finanzwesens, war ich zunächst mehrere Jahre selbstständig im Finanzbereich tätig, später – nachdem ich einige Jahre das Muttersein genoss - führte ich ein Unternehmen des Eventmanagements und entwickelte mich stets autodidaktisch weiter. Zusatzausbildungen zur Unternehmensberatung, diverse Coach und Trainer, sowie als Ausbilder komplettieren mich in Hard & Soft-Skills. Somit führte ich meine Unternehmerkunden unterschiedlichster Branchen nicht nur durch gezielte Marketing-Events zum Erfolg, sondern übernahm mehr und mehr externe Leistungen zur Unternehmensberatung und zum Unternehmenscoaching, wobei ich auf die sogenannten Soft-Skills stets viel Wert legte. In den ersten Jahren meines Unternehmerdaseins galt ich damit eher als Exot denn als gesetzte Größe.

Das Thema Gesundheit für Mensch und Business spielte somit schon damals eine entscheidende Rolle in meinem Wirken und Handeln.

Hürden, Steine und andere Weg-Unebenheiten …

In meinen ersten Jahren der Selbstständigkeit rollte ich unendlich viele Steine aus meinem Weg. Manchmal glaubte ich, daran zu zerbrechen, doch ich stand immer wieder auf.

Die wenigsten Menschen glaubten daran, dass ich es schaffen könnte.

Ich stieß oft auf Äußerungen, wie:

- „Wie willst du denn das schaffen?“
- „Als Frau wirst du es immer schwer haben.“
- „Finanzwesen? Das sind doch alles Halsabschneider!“
- „Eventmanagement???? – Kann man damit Geld verdienen?“
- „Dazu hast du doch gar keine Voraussetzungen.“
- „Kümmere dich lieber mehr dein Kind und deine Familie – du bist schließlich Mutter.“
- „Mach doch lieber was „Bodenständiges.“
- „Wieso machst du denn jetzt schon wieder was anderes?“ usw.

Doch letztendlich wusste ich tief in meinem Inneren, dass ich hier auf Erden eine andere Aufgabe habe und machte unermüdlich weiter. Fiel auf die Nase und stand wieder auf. Lernte stetig dazu und wuchs an meinen Fehlern und Hindernissen nur noch stärker.

MEINE SPEZIELLE GABE

Erst spät erkannte ich, dass sich diese Soft-Skills aus einer besonderen Fähigkeit der emotionalen Intelligenz ergeben, die sich insbesondere durch ein besonderes Feingespür an Einfühlungsvermögen und Menschenkenntnis ausdrückt. Das Schärfen dieser Fähigkeit stellt heute eine wesentliche Grundlage meiner Arbeit dar. Im Laufe der Zeit haben sich Formen der Hellsinne dazu entwickelt. Eine zusätzliche Ausbildung als Medium rundet dies auch fachlich ab. Mein Ursprungsname ist Shij´Ana, der "Die Lichtbringerin" bedeutet.

Auf einfühlsame Art erspüre ich daher Dinge, die manch anderem im Verborgenen bleiben. Kohärenz zwischen Herz und Verstand sind maßgebend für meine Arbeit. Daraus ergeben sich neue Elemente des ganzheitlichen Heil-Verstehens über den Körper hinaus.
Aus dieser Sicht ist die Passion erwachsen, meine Klienten dahin zu führen und zu beraten, dass sie sich selbst erkennen und lernen, aus sich selbst heraus zu gesunden. Mit Unterstützung meines Teams und meiner Partner schaffen wir eine Grundlage, die den Gesamt-Mechanismus Mensch gesunden lassen kann.

MEIN BACKGROUND und das Prinzip „Körper-Seele-Geist"

Private Schicksalswege führten mich zum Ausfeilen der universellen Ganzheitlichkeit, wobei ich das Prinzip „Körper-Seele-Geist" bis auf Quantenebene für mich erforschte und ein für mich passendes „Alltagskonzept" suchte. Mein Schwerpunkt lag dabei zwischenzeitlich zwei-drei Jahre auf dem „erweiterten Familienmanagement", wie ich es selbst bezeichne, und der schöpferischen Freiheit, etwas mit Bestand für die Nachwelt zu erschaffen. Ich wusste mit diesen ganzen Erfahrungen, die das Leben mir bot, dass ich damit etwas für andere Menschen erreichen kann. Dies alles spiegelt sich nicht nur in meiner persönlichen Lebensweise, sondern auch in meinem Unternehmergeist und meinem Arbeitsstil wider.

MEINE VISION - Den Wandel gesund erleben – fit for the future

Die Energiequalität unserer heutigen Zeit zeigt, dass Mensch und Business dank technischem Fortschritt und Globalisierung kaum mehr zu trennen sind. Ich nehme die Herausforderung an, zu lehren, wie wir achtsam und fürsorglich zu uns selbst damit umgehen, um diesen

Wandel gesund zu erleben.

Zunächst schrieb ich aus dieser Vision heraus mein erstes Buch „Fit Für Die Zukunft".

Daraus wurde mein Konzept Fitura – fit for the future als ganzheitliche Gesundheitsplattform zu meinem echten Herzensprojekt, in dem ich all mein Wissen, mein Potenzial und meine Kompetenzen, sowie persönliche Überzeugungen und Erfahrungen des Lebens bündele. Ganz nach meiner persönlichen Lebensphilosophie, dass in einem gesunden Körper ein gesunder Geist wohnt (und anders herum) bringe ich die Gesundheitslehren und Geisteswissenschaften zu einem großen Ganzen zusammen: „Es wächst zusammen, was zusammen gehört!" Fitura bildet nicht nur die Brücke zwischen (Natur-)Wissenschaft und Geisteswissenschaft einerseits und gibt damit allen Angeboten der Gesundheitslehre ihren Raum. Andererseits füllen wir im Businessbereich die Schnittstelle zwischen klassischen betriebswirtschaftlichen Prozessen (Unternehmensberatung) und dem heute so wichtig gewordenen Betrieblichen Gesundheitsmanagement (BGM). Wir verbinden nicht nur die Lehren zur Gesundheit, sondern formen ein Gesamtkonzept mit Persönlichkeitsentwicklung und modernes, ganzheitliches Unternehmenscoaching, das der modernen Zeitqualität entspricht und unsere Kunden für die Herausforderungen der Zukunft rüstet in allen Lebensbereichen, als Mensch und im Business.

In dieser großartigen Aufgabe weise ich darauf hin, dass ich nicht den Anspruch auf Vollständigkeit und Allwissenheit hege. Dieses Konzept Fitura möchte weiter entwickelt werden und in ein modernes, sich ständig wandelndes Weltbild integriert werden. Ich freue mich darauf, zu sehen,

was in zwanzig, dreißig und mehr Jahren mit vielen weiteren Visionären daraus erwachsen sein wird. Ich freue mich von Herzen, daran teilhaben zu dürfen und mein Wissen und meine Erfahrungen an meine lieben Mitmenschen weiter geben zu dürfen.
Damit wachsen wir gemeinsam und teilen den Geist der Gesundheit in uns und unser Umfeld.

Christiane Martin

Unser Leben besteht aus unzähligen Momenten. Ich habe schon als Mädchen die Faszination für Pferde gehabt, ganz egal, wieviel Angst meine Eltern hatten bin ich auf die Pferde zugegangen, geträumt habe ich viel und da ich als Kind eine Krankheit gehabt habe womit ich einen „Behinderten Ausweis“ bekommen habe, auf eine Schule gekommen bin, wo alles Kinder gewesen sind mit einer Behinderung und mehr als den Hauptschulabschluss wird es sowieso nicht geben dachte mein Umfeld in dem ich gewesen bin. Ich habe mich gerne auf eine Heldenreise in meinen Träumen begeben und mein weißes Pferd Pegasus ist meine Kraftquelle gewesen. Pferde leben von Moment zu Moment, sie nehmen es an wie es ist und reagieren aus der Situation heraus, sie nehmen mich an wie ich bin und ich fühlte mich schon als Kind sehr hingezogen zu Pferden. Ich habe mir vorgestellt, wie ich Gesund bin und was ich selbstständig tun werde, ich habe mir alleine eine andere Schule gesucht und bin zu meinen Eltern gegangen, die sehr überrascht gewesen sind und Angst hatten, es könnte mir zuviel werden, aber sie haben unterschrieben und meine Reise ging weiter. Die Ärzte haben eines Tages eine Sonderkonferenz gemacht, denn ich galt als „Wunderheilung“ und das hatte es vorher noch nicht

gegeben und ich habe mein Fachabitur mit sehr guten Noten geschafft, denn ich konnte endlich zeigen was in mir steckt und was ich wirklich kann, auch wenn es im Außen nicht danach ausgesehen hat.
Meine Heldenreise und die Verbindung von uralten Mythen der Götter und meinem Pferd Pegasus hat viel in Bewegung gesetzt und ich habe eine Gabe, Dinge sehr sensitiv wahrzunehmen, im Unterbewusstsein zu sehen, was steht hinter der aktuellen Herausforderung des Problems, was vielleicht einen schon viele Jahre begleitet und dazu führt das Situationen in ähnlicher Konstellation einen immer wieder begegnen, die los gelassen werden dürfen. Ich wusste nicht damit umzugehen und als jugendliche bin ich dann zu einem Heiler geschickt worden, den meine Tante so gut fand und er hat mir geholfen und auch noch gesagt, was ich kann und das das völlig normal ist was ich sehe und die Energien, die ich in mir trage und damit andere sehr gut unterstützen kann.

Meinen Kindheitstraum, ein weißes Pferd mit dem Namen Pegasus habe ich mir vor einigen Jahren realisiert. Als ich mir meinen Kindheitstraum realisiert hatte dachte ich so geht es weiter, aber was für ein Pferd habe ich mir gewünscht, mit welchen Stärken und gleichzeitig hohen Herausforderungen das verbunden sein würde und wie mich das gleichzeitig in meinem Business an Grenzen bringen würde und darüber hinaus, damit habe ich niemals gerechnet. Es ist der Augenblick, in dem es beginnt. Innerhalb welcher Grenzen ist durch das bewusste Denken, was ich möchte und was sein wird bewege durch mein Denken. Ein Pferd mit viel Temperament, Kraft, Dominanz und ein weißes Pferd mit dem Namen Pegasus. Ja, so heißt er wirklich. Ich habe mir vorgestellt, das meine Berufung, die ich Liebe und Lebe einfach so weiter erfolgreich sich aufbaut ohne ein absinken und die berühmte Welle wo andere Unternehmer und Unternehmerinnen mir schon von erzählt hatten.

An diesem einen Tag, wo ich unbedingt Ausreiten wollte, obwohl mein Pferd schon vorher total nervös gewesen ist, es war Gewitter in der Luft aber ja noch weit weg, er ist sogar wieder über den Zaun auf die Weide gesprungen und ich habe ihn geholt und damals noch nicht das Wissen gehabt, wie ich es heute habe und wir andere unterstützen. Wir sind los geritten und es ist eine Bremse in den Hintern und hat zu gestochen. Innerhalb von kurzer Zeit ist er im Renngalopp gewesen und letzten Endes ist der Steigbügel samt Lederschlaufe links abgeflogen und ich habe die Judorolle gemacht. Was für ein Erlebnis, alles ist gut gegangen und mir und dem Pferd ist nichts passiert. Die Zeit danach ist turbulent gewesen und wir hatten noch ein paar Erlebnisse. Die Trainer und viele Reiter haben gesagt, verkauf das Pferd, diese Zeit die Du jetzt versucht hast, das bringt alles nichts, aber ich wusste tief in meinem Herzen, das ich diese Verbindung wieder herstellen kann, die wir vor dem Ereignis gehabt haben.

Ich hatte schon vorher von Horsemanship gelesen und dann habe ich gelesen, am Ende des Buches stand die Mailadresse von meinem heutigen Mentor Edwin, der in der Toskana „Pferdemenschen“ und die es werden wollen unterstützt. Im beruflichen hatte ich zu diesem Zeitpunkt viele Kontakte schon, aber ich habe nicht gewusst, was muss ich tun, um eine größere Reichweite aufzubauen, wie kann ich mich sichtbarer machen, darf ich mich mit dem was ich lebe und liebe sichtbar machen. Besonders diese innere Frage hielt, das weiß ich heute viel noch ab von der Energie, die Erlaubnis mir dafür geben zu dürfen. Ich sage gerne, die Zukunft ist leer, du selbst entscheidest bewusst und unbewusst wie diese aussehen wird und zwar jeden Tag auf´s Neue.

Das im Moment sein und von Moment zu Moment gehen, aus dem was ist weiteres entwickeln und entstehen lassen sowohl mit meinem Pferd als auch mit meiner Berufung kamen neue Impulse, die uns dahin gebracht haben, wo wir heute sind und auch mein Mann Timo hat einen unglaublich großen Anteil daran, da er an mich glaubt und sooft mich wieder gestärkt hat und stärkt durch sein „sein" und dieses enorme Vertrauen, was mich durch diese tiefen Täler gebracht hat und die Reise geht weiter. Heute kann ich sagen, das ich beruflich nun das miteinander verbinde, was ich mir immer gewünscht habe. Ich habe 3 Seminare entwickelt, weil ich möchte noch sehr vielen Menschen, ob nun Unternehmer, Führungskraft oder einfach eine Person die wirklich in Veränderung gehen möchte und ganz gleich welcher Teil der alten Geschichte da ist, es zu überwinden und in Harmonie mit seinen inneren Werten zu leben. Das bringt mir viel Spaß und ich freue mich auf weiteres auf meiner Reise.

Eines meiner Seminare ist mit meinem Pferd zusammen als Co-Trainer, denn das Pferd reagiert sofort im Moment und spiegelt was da gerade ist.

Der Augenblick ist gekommen, an dem wir nun die Grenzen, die bisher noch da gewesen sind überschreiten und die ersten Ausritte machen im Gelände ohne Gebiss, einfach nur mit Hakimore und wir in so einer Verbindung sind das kleinste Signale reichen, um die Gangart zu wechseln und in Harmonie miteinander sind und im beruflichen ist die Entwicklung sehr positiv auch mit meinen Seminaren.

Weitere bekannte ErfolgsGeschichten

Joanne Kathleen Rowling

Joanne Kathleen Rowling ist es gelungen, sich von einer alleinerziehenden und von Sozialhilfe lebenden Mama zu einer Bestseller-Autorin zu verwandeln. Sie ist aus eigener Kraft durch ihr Werk und ohne familiäre Unterstützung in wenigen Jahren zu einer Multi-Millionärin, sogar zur reichsten Frau Großbritanniens, geworden.

Die Schriftstellerin wurde in der englischen Kleinstadt Yate geboren. Ihre erste Geschichte, die von einem an Masern erkrankten Kaninchen handelte, erfand sie im zarten Alter von 6 Jahren. 1987 schloss sie ihr Lehramtsstudium in Französisch und klassischer Altertumswissenschaft an der „University of Exter“ ab.

Nach einem Auslandsaufenthalt kam J. K. Rowling mit einem Baby und ohne Mann nach Großbritannien zurück. Sie bekam keinen Unterhalt und ihre Mutter war zu diesem Zeitpunkt bereits gestorben. Sie fand keine Kinderbetreuung und konnte dadurch ihren Beruf als Lehrerin vorerst nicht ausüben. Für ein Kindermädchen fehlte ihr das nötige Geld. Sie lebte von Sozialhilfe, wohnte in einer kleinen Wohnung und war mit ihrem Kind alleine.

Während einer Zugfahrt erfand sie die Romanfigur Harry Potter. Sie hatte das Gefühl, dass diese Geschichte etwas ganz Besonderes ist. J. K. Rowling ging täglich mit ihrer

Tochter spazieren und sobald diese eingeschlafen war, setzte sie sich in ein Café, um die Geschichte von Harry Potter zu schreiben. Sie wollte unbedingt aus ihren bescheidenen Lebensverhältnissen raus. Ihr waren finanziell und beruflich die Hände gebunden.
Daher nutzte sie jede freie Minute, um die Geschichte des Zauberlehrlings zu vollenden.

Als die Schriftstellerin schließlich ihren Roman veröffentlichen wollte, wiesen viele Verlage ihr Manuskript ab. Denn sie befürchteten, dass Jungen ungern von einer Frau geschriebene Bücher lesen würden. Daher beschloss Joanne K. Rowling, ihren Namen in „J. K." abzukürzen. 1997 wurde der erste Teil der Harry Potter-Bücher schließlich mit einer mageren Startauflage von 500 Exemplaren veröffentlicht. 2007 erschien der letzte, der siebte, Band von Harry Potter. Bis heute wurden Rowlings Bücher über 400 Millionen mal verkauft. Lediglich die Bibel und die Mao-Bibel verkauften sich besser. Ihre Romane wurden in 70 Sprachen übersetzt und auf Grundlage ihrer Bücher wurden acht Filme produziert. Das Vermögen der ehemaligen Sozialhilfe-Empfängerin J. K. Rowling wird auf 589 Millionen Euro geschätzt. Wikipedia (2019)

Beate Uhse

Die Geschichte des Unternehmens Beate Uhse ist zum großen Teil auch die Geschichte einer außergewöhnlichen Frau und starken Persönlichkeit. Sie gab dem Unternehmen ihren Namen und ihren Charakter. Bereits als Kind will Beate Uhse hoch hinaus. Schon als ein kleines Mädchen – sie wurde am 25. Oktober 1919 als Tochter eines Gutsbesitzers und einer Ärztin in Ostpreußen geboren – träumt sie vom Fliegen. Mit 17 Jahren setzt Beate Uhse ihre Kindheitsträume in die Realität um. Als einziges Mädchen unter 60 Flugschülern erwirbt sie 1936 den Pilotenschein.

Ihrer Laufbahn als Berufspilotin steht nichts mehr im Wege.

Im Frühjahr 1945 flüchtet Beate Uhse in einem Wehrmachtsflugzeug aus dem eingeschlossenen Berlin nach Nordfriesland.
Mit an Bord ihr zweijähriger Sohn Klaus. Als Flüchtling, Mutter und Witwe muss sie sich eine neue Existenz aufbauen. So mutig und zielstrebig wie sie ihre erste Karriere als Fliegerin in die Tat umsetzte, startet sie auch ihre zweite Karriere als Aufklärerin der deutschen Nation.

1946 zieht Beate Uhse nach Flensburg und beginnt von dort aus ihre erste Aufklärungskampagne. Nach Kriegsende plagt die Frauen nicht nur die Sorge um Essen und Unterkunft, sondern auch das Problem der ungewollten Schwangerschaften. Es gibt keine Verhütungsmittel. Beate Uhse erkennt die „Markt-Lücke“ und berät die Frauen über natürliche Verhütungsmethoden. Sie verfasst 1946 Handzettel, auf denen sie die Berechnung der unfruchtbaren Tage nach der Knaus-Ogino-Methode erklärt. Diese „Schrift X“ legt den Grundstein für die Firma Beate Uhse. 1948 heiratet Beate Uhse den Flensburger Kaufmann Ernst-Walter Rotermund. Ab diesem Jahr beginnt auch das Versandhandelsgeschäft, mit dem Beate Uhse ihr Aufklärungsmaterial verschickt. Mithilfe ihres zweiten Mannes baut die junge Geschäftsfrau ihr Sortiment aus und vertreibt unter anderem auch Kondome. Der Firmenprospekt besteht aus acht zusammengefalteten Seiten. Vertrieben werden Bücher über Aufklärung, Kondome, Salben und Sex. Natürlich geht es nur um Sex in der Ehe, und alles ist nur angedeutet.

1962 eröffnet Beate Uhse den ersten Sexshop der Welt, der sich damals „Institut für Ehehygiene“ nennt. Im Sortiment waren Dessous, Magazine, Bücher, Verhütungsmittel, pharmazeutische Präparate und Stimulationsartikel. Die Nachfrage nach den Artikeln ist so groß, dass sich durch das große Engagement der umsichtigen Geschäftsfrau schnell eine Ladenkette entwickelte. 1971 gab es in Deutschland schon 25 Shops. In den ersten Jahren war Verhütung und Aufklärung das Hauptziel der Firma. Als es Mitte der 70er Jahre durch gesetzliche Veränderungen zur Freigabe der bis dahin streng regulierten Pornografie kommt, boomt die Sex-Industrie. Die Shops schießen wie Pilze aus dem Boden. Seit Februar 1951 heißt die Firma „Versandhaus Beate Uhse" und ist so im Flensburger Handelsregister eingetragen. Beate Rotermund hat den Namen ihres ersten Mannes ganz bewusst beibehalten. Uhse ist kürzer und der Name wurde zur Marke – und die ändert man nicht ohne Not.

1981 wird die Beate Uhse Aktiengesellschaft gegründet und das Unternehmen einer Realteilung unterzogen. Die Söhne von Beate Uhse, Klaus und Dirk Rotermund, führen den Versand und Verlag fort. Beate Rotermund leitet weiterhin, gemeinsam mit ihrem Sohn Ulrich, die Läden und den Großhandel. Im Jahre 1999 geht das Unternehmen schließlich an die Deutsche Börse. Mit der Emission der ersten deutschen Erotik-Aktie zeigt Beate Uhse von neuem unternehmerischen Weitblick. Es ist der richtige, strategische Schritt für die internationale Expansion des Unternehmens. Die Akquisition des holländischen Einzelhandelsunternehmens Sandereijn und des Versandhandelshauses Pabo ist der erste Meilenstein auf dem Weg zur Nr. 1 im Erotik-Business. Beate Rotermund starb am 16. Juli 2001 an den Folgen einer Lungenentzündung. In Andenken an die Firmengründerin verleiht Beate Uhse erstmals den mit 10.000 Euro dotierten Unternehmerinnen-Preis. 2005 wird der Beate Uhse-Unternehmerinnenpreis erstmals bundesweit verliehen. 2009 startet Beate Uhse mit Homepartys und bringt

Liebesspielzeuge direkt ins Haus. Das ZDF widmet dem Lebenswerk von Beate Uhse einen Themenabend mit einem Spiel- und Dokumentarfilm. Ab 2013 eröffnete sie nach und nach Shops im neuen, freundlichen und hellen Look. Webshop und Katalog erhalten ebenfalls ein neues Design. Das neue Beate Uhse Magazin inspiriert Leserinnen und Leser. Wikipedia (2019)

Marie Curie

Marie Curie wurde am 7. November 1867 als Marya Sklodowska in Warschau geboren. Ihr Vater war von Beruf Mathematik- und Physiklehrer, ihre Mutter war Lehrerin und Leiterin eines Mädchenpensionats.

Während Maryas Schulzeit stand Polen unter russischer Herrschaft, daher hatten sie und ihre vier Geschwister schwer mit den politischen Umständen ihres Landes zu kämpfen. Um einen ordentlichen Schulabschluss zu bekommen, mussten sie sich dem System beugen. Nach Abschluss des Gymnasiums mit Auszeichnung nahm sie zunächst eine Stelle als Erzieherin an, um ihrer älteren Schwester das Medizinstudium in Paris zu finanzieren.

1891 folgte Marya ihrer Schwester, die sie nun ihrerseits finanziell unterstützte, nach Frankreich, um an der Universität Sorbonne Physik und Mathematik zu studieren, weil Frauen damals an polnischen Hochschulen nicht zugelassen wurden. Dort angekommen änderte sie ihren Namen in Marie. In der Abschlussprüfung für Physik belegte Sklodowska den ersten Platz, in der mathematischen Abschlussprüfung den zweiten Platz. Sie wurde Doktorandin des Physikprofessors Antoine Henri Becquerel.

Während ihres Studiums lernte sie den französischen Physiker Pierre Curie (1859-1906) kennen und ein Jahr später heiratete sie ihn. Sie arbeiteten gemeinsam in einem

improvisierten Laboratorium unter äußerst unzulänglichen Bedingungen. Im Jahre 1898 gelang es beiden zwei Elemente, Polonium und Radium, zu isolieren. Deren Strahlung wurde von ihr als „radioaktiv" benannt. 1903 erhielten Marie und Pierre Curie sowie Becquerel den Nobelpreis für Physik für ihre Arbeiten über die Strahlungsphänomene.
1904 wurde ihre Tochter Ève geboren und im gleichen Jahre wurde ihre Dissertation „Untersuchungen über die radioaktiven Substanzen" veröffentlicht. Zwei Jahre später wurde ihr Mann von einer Pferdekutsche angefahren und er erlag seinen Verletzungen noch am Unfallort. Marie stürzte sich daraufhin in die Arbeit und übernahm seitdem die Vorlesungen ihres Mannes. 1908 erhielt sie die ordentliche Professur. Sie war die erste Frau und die erste Professorin, die an der Sorbonne lehrte. 1911 wurde sie für die Entdeckung der radioaktiven Elemente Polonium und Radium mit dem Nobelpreis für Chemie ausgezeichnet.

Zur Zeit des Ersten Weltkriegs zog Marie als Freiwillige aufs Kriegsfeld, errichtete mobile Röntgeneinrichtungen und versorgte die verletzten Soldaten. Die folgenden Jahre reiste sie nach Brasilien, Tschechoslowakei, Spanien und Belgien. Dort hielt sie Vorlesungen, um ihr Wissen zu verbreiten.

Am 4. Juli 1934 starb Marie Curie in einem Sanatorium im Schweizer Kurort Sancellemoz an Leukämie, einer Folge ihrer hoch dosierten und langjährigen Kontakte mit radioaktiven Elementen. Wikipedia (2019)

Madam C. J. Walker

Sarah Breedlove, bekannt als Madam C. J. Walker, wird als eine der ersten weiblichen Self-made-Millionäre in den USA gefeiert. Sie wurde 1867 – zwei Jahre nach der offiziellen Abschaffung der Sklaverei – auf einer

Baumwollplantage in Louisiana geboren, wo ihre Eltern und Geschwister als Sklaven arbeiteten. Ihre Eltern starben früh. Sie lernte nur in der Sonntagsschule ein wenig Lesen und Schreiben.

Mit 14 Jahren heiratete sie und mit 17 Jahren brachte Sarah ihre Tochter Leila zur Welt.
Als sie 20 war, starb ihr Mann und so zogen Sarah und ihre Tochter 1888 nach Saint Louis in Missouri, wo drei von Sarahs Brüdern lebten. Sie wohnte in wechselnden Unterkünften in den schmutzigen Armenvierteln der Stadt. Sarah fand Arbeit als Waschfrau. Dabei verdiente sie knapp einen Dollar pro Tag. Später arbeitete sie als Köchin für weiße Haushalte und teilte damit das Schicksal Tausender aus dem Süden zugezogener schwarzer Frauen. Sie war jedoch entschlossen, ihrer Tochter eine Schulbildung zu ermöglichen.

Mit 27 heiratete Sarah erneut. Dieser Mann entpuppte sich später jedoch als unzuverlässiger Trinker. Zur Erhöhung ihres Einkommens begann Sarah als Vertreterin für Haarpflegeprodukte für schwarze Frauen zu arbeiten – ein neuer Markt, der sich gerade entwickelte. Wie es für schwarze Frauen ihrer Ära üblich war, litt Sarah an starken Schuppen und Kopfhauterkrankungen wie Glatzköpfigkeit aufgrund von Hauterkrankungen und der Verwendung von strengen Produkten wie Lauge, die Teil der Seife zum Haare- und Wäschewaschen waren. Andere Faktoren, die ihren Haarverlust begünstigten, waren eine schlechte Ernährung, Krankheiten und unregelmäßiges Baden und Haarewaschen in einer Zeit, in der die meisten Amerikaner keine Rohrleitungen, keine Zentralheizung und keinen Strom in ihren Häusern hatten. Über die Haarpflege lernte Sarah anfänglich etwas von ihren Brüdern, die Barbiere in Saint Louis waren und begann als Provisionsvertreterin für Annie Turnbo Malone, eine afroamerikanische Haarpflege-

Unternehmerin Produkte zu verkaufen.

Sarah experimentierte mit verschiedenen chemischen Zusammensetzungen.

Schließlich entwickelte sie eine eigene Produktlinie aus Shampoos, Haaröl und schwefelhaltiger Pomade, womit sie die Kopfhaut pflegte, das Haar zum Wachsen brachte (und nicht einfach entkrauste, wie sie stets betonte) und es vor der schädlichen Wirkung der verbreiteten heißen Glätteisen schützte.

1906 wurde sie Madam C. J. Walker und vermarktete sich selbst als unabhängige Friseurin und Verkäuferin von Kosmetikcremes. Sarah verkaufte ihre Produkte von Tür zu Tür und brachte anderen schwarzen Frauen bei, wie sie ihr Haar pflegen und stylen können. Ihre professionell durchgeführten Werbekampagnen mit dem eigenen Vorher-Nachher-Porträt veranschaulichten überzeugend seine Wirksamkeit. Sie expandierte bis nach New York und eröffnete Beauty Salons.

Um das Verkaufspersonal der Firma zu vermehren, brachte Walker anderen Frauen bei, „Beauty Culturists“ zu werden, indem sie „Das Walker System“ nutzten, ihre Methode der Pflege, die dafür gemacht war, den Haarwachstum anzuregen und den Zustand der Kopfhaut mithilfe ihrer Produkte zu verbessern.

Zwischen 1911 und 1919, auf dem Höhepunkt ihrer Karriere, stellte Walker mit ihrer Firma Tausende von Frauen als Verkaufsvertreter für ihre Produkte ein. Sie schuf Ausbildungs- und Einkommensmöglichkeiten für schwarze Frauen und erarbeitete sich dadurch selbst ein gigantisches Vermögen. Zehn Jahre nach dem Verkauf der ersten Dose Haarpomade machte die Firma einen Jahresumsatz von 1,5 Millionen Dollar. Die Firma gibt an, bis 1917 fast 20.000 Frauen ausgebildet zu haben.

Sie trugen charakteristische Uniformen bestehend aus weißen Oberteilen und schwarzen Röcken sowie einer schwarzen Umhängetasche und besuchten Häuser in den USA und in der Karibik, wo sie Walkers Haarpomade und ihre anderen Produkte in Blechcontainern mit ihrem Bild darauf anboten. Walker verstand die Kraft von Werbung und Markenbekanntheit. Viel Werbung, vor allem in afroamerikanischen Zeitschriften und Magazinen, sorgte zusammen mit Walkers häufigen Reisen, um ihre Produkte zu promoten, dafür, dass Walkers Produkte sehr bekannt in den USA wurden. Ihr Name wurde in den 1920ern, nach ihrem Tod, sogar noch bekannter, als der Handelsmarkt ihrer Firma jenseits der USA nach Kuba, Jamaika, Haiti, Panama und Costa Rica expandierte.

Neben der Ausbildung im Verkauf und der Pflege zeigte Walker anderen schwarzen Frauen, wie sie haushalten und ihre eigenen Unternehmen aufbauen können, und ermutigte sie dazu, finanziell unabhängig zu werden. 1917 begann Walker, inspiriert vom Muster der National Association of Colored Women, ihre Verkaufsvertreter in bundesstaatlichen und lokalen Clubs zu organisieren. Daraus entstand die National Beauty Culturists and Benevolent Association of Madam C. J. Walker Agents (Vorgängerorganisation der Madam C. J. Walker Beauty Culturists Union of America). Ihre erste Jahrestagung fand im Sommer 1917 mit 200 Teilnehmerinnen in Philadelphia statt. Die Konferenz gilt als eine der ersten nationalen Treffen von weiblichen Unternehmerinnen, um Geschäfte und Handel zu besprechen. Während der Konferenz verlieh Walker Preise an Vertreterinnen, die die meisten Produkte verkauft hatten, und führte die neuesten Verkaufsvertreter ein. Sie belohnte auch diejenigen, die die größten Beiträge an wohltätige Organisationen in ihren Gemeinden zahlten.

Sie wurde als die erste weibliche Self-made-Millionärin in Amerika gepriesen und ihr Anwesen war mehr als 8 Millionen wert, als sie starb. Sie hatte in einer neugebauten, kostbar möblierten 30-Zimmer-Villa in Irvington-on-Hudson, in Amerikas teuerster Wohngegend im Norden von Manhattan gewohnt. Von den Rockefellers und den anderen Millionären der Nachbarschaft wurde sie kritisch beäugt. Neben all dem Luxus ging es Madam Walker von Beginn an um mehr – sie wollte demonstrieren, zu welchen Höchstleistungen schwarze Frauen in einer von Rassendiskriminierung geprägten Gesellschaft im Stande waren. 1912 erkämpfte sie sich das Rederecht auf der von Booker T. Washington geleiteten Unternehmertagung der National Negro Business League und erzählte dort ihre persönliche Geschichte „Learn to grow hair and make money". Sie engagierte sich auf verschiedenen Kongressen gegen die Rassentrennung in öffentlichen Einrichtungen und Transportmitteln. Sie spendete große Summen für Bildungs-, Wohlfahrts- und Kulturprojekte und rief auch ihre Mitarbeiterinnen zu sozialem und politischem Engagement auf.

Bei all ihrem Tun vernachlässigte sie leider ihre Gesundheit und starb 1919 im Alter von 51 Jahren. Dahingerafft durch ein unzureichend behandeltes Nierenleiden, verlor die afroamerikanische Gemeinschaft ihre wichtigste Wohltäterin. Wikipedia (2019)

Coco Chanel

Coco Chanel (laut Geburtsurkunde eigentlich Gabrielle Chasnel) war nicht nur eine außergewöhnliche Modemacherin. Sie war auch eine erfolgreiche Unternehmerin in einer Zeit, als große Firmen fast ausschließlich von Männern gegründet und geführt wurden. Mit Ende zwanzig eröffnete sie 1911 in Paris ihr erstes Modehaus.

1916 beschäftigte Chanel schon 300 Näherinnen, 1936 war sie Chefin von mehr als 4.000 Angestellten und galt zeitweilig als reichste Frau der Welt. Berühmte Kreationen wie ihr „kleines Schwarzes" haben die Mode nachhaltig verändert. 1971 starb Coco Chanel mit 87 Jahren in ihrer Suite im Hotel Ritz in Paris.

Coco Chanel gründete Anfang der 1910er Jahre das Modeimperium Chanel und gilt als herausragende Persönlichkeit der Modegeschichte.

In den 1920er Jahren kreierte Coco Chanel das „kleine Schwarze", das noch immer einen Klassiker in der Damenmode darstellt. 1922 brachte sie das Parfüm Chanel N° 5 auf den Markt, das als meistverkauftes der Welt gilt.

Als Gabrielle zwölf Jahre alt war, starb ihre Mutter. Der Vater gab sie und ihre ältere Schwester in die Obhut eines von Nonnen geführten Waisenhauses, wo sie den Beruf der Näherin erlernte. Ihren Vater sah Gabrielle nie wieder und gab später an, er sei nach Amerika ausgewandert. Mit Erreichen des 18. Lebensjahres wurde sie aus dem katholischen Waisenhaus des Klosters Aubazine entlassen. Danach erhielt sie als Barmherzigkeitsschülerin zwei Jahre kostenlos Unterricht im Pensionat Notre-Dame der Stiftsdamen von Saint Augustin in Moulins in der Auvergne. Mit 20 Jahren arbeitete sie als Angestellte in einem Aussteuer- und Babyartikelgeschäft, wo sie auch

Logis erhielt, und nahm privat Aufträge als Schneiderin an.

1906 lernte Chanel in dem von Moulins 60 km entfernten Kurort Vichy, wo sie sich wenig erfolgreich als Sängerin versucht hatte und schließlich in den Badeanstalten jobbte, Étienne Balsan kennen. Balsan, war der vermögende und einflussreiche Erbe der Industriellendynastie Balsan, der sie mit auf sein Anwesen nahm in der Nähe von Paris und sie wurde mit 23 Jahren seine Mätresse.
Hier machte Chanel Bekanntschaft mit dem mondänen Leben der Schickeria, lernte reiten und trieb Sport und kreierte nebenbei, die zu einem lässigen Lebensstil passende Kleidung. Hier traf Chanel auch ihre große Liebe, den Briten Arthur „Boy“ Capel.

Mit Balsans finanzieller Unterstützung und seiner Pariser Wohnung, Boulevard Malesherbes No 160, die er ihr zur Verfügung stellte, eröffnete Chanel 1909 ein Hutatelier. Chanels moderne, ungewohnt schlichte Hutkreationen erfreuten sich im Bekanntenkreis von Balsan und den Parisern rasch großer Beliebtheit und wurden dann an Pariser Persönlichkeiten gesehen und in Modezeitschriften abgedruckt. 1915 besaß Coco Chanel Modesalons in Paris, Deauville und Biarritz, entwarf schlichte, locker umspielende Kleider aus Baumwolljersey und kreierte damit eine neue und funktionale Mode. Chanel trug ihre eigene Mode und eine moderne Kurzhaarfrisur im Bob-Stil. 1918 eröffnete sie ihren Haute Couture Salon in der 31, Rue Cambon. Chanels Geschäft wuchs schnell. Schon 1916 beschäftigte sie 300 Näherinnen. Im gleichen Jahr erklärte die amerikanische Vogue Chanels Mode zum „Inbegriff der Eleganz“. Ihre Mode unterschied sich durch ihre Zurückhaltung deutlich von der ihrer Konkurrenten.

Mit Kriegsbeginn schloss Coco Chanel 1939 kurzerhand ihr Modeunternehmen, sodass alle Mitarbeiter ihre Arbeit verloren. Sie zog sich für kurze Zeit in die Provinz an der spanischen Grenze zurück, kehrte aber bereits im Herbst 1940 nach Paris zurück.

Am 5. Februar 1954 eröffnete Coco Chanel – inzwischen 70-jährig – nach neunjähriger Schaffenspause ihr Modegeschäft in der Rue Cambon mit einer neuen Kollektion, die von der französischen Presse zunächst spöttisch als „Fiasko“ und die dargestellten Modelle als „Phantome von Kleidern aus den 1930ern“ verhöhnt wurde. Chanel saß während der Modenschauen stets auf der Wendeltreppe ihres Ateliers und beobachtete außer Sichtweite der Zuschauer die unter ihr defilierenden Mannequins über eigens dafür angebrachte Wandspiegel. Nachdem jedoch das US-amerikanische Life-Magazin ein Jahr später die Eleganz ihrer Tweedkostüme gewürdigt, sowie ihre Mode als „Revolution“ bezeichnet hatte und immer mehr internationale Stars wie Marlene Dietrich, Brigitte Bardot, Grace Kelly, Romy Schneider, Ingrid Bergman oder Elizabeth Taylor medienwirksam Chanel trugen, begann der Siegeszug des Chanel-Kostüms. Am 11. Oktober 1965 gründete Gabrielle Chanel die Stiftung Fondation CoGa (Silbenwort aus ‚Coco‘ und ‚Gabrielle‘) mit Sitz in Vaduz, Liechtenstein, und setzte diese als Alleinerbin ihres beträchtlichen Vermögens ein.

Coco Chanel starb am 10.Januar 1971 in ihrer Suite im Pariser Hotel Ritz. Bis zuletzt hatte sie trotz ihres hohen Alters an einer nächsten Kollektion gearbeitet, angeblich litt sie aber an Durchblutungsstörungen ihres Kopfes. Die letzten Worte der 87-Jährigen sollen gelautet haben: „So stirbt man also.“ Wikipedia (2019)

Mitstreiterinnen, Mentoren und Coaches:
Hans Veit, Jean-Marie Bottequin, Robert Spengler, Hermann Scherer, Silvia Ziolkowski, Damian Richter, Team Manomind, Tanja Käfer, Liv Sommer, Bob Proctor und Kurt Tepperwein. Ohne all das Wissen, die Impulse und den Hilfestellungen, wäre mein Buch nicht entstanden.

Anne-Kristin Holm

Printed in Poland
by Amazon Fulfillment
Poland Sp. z o.o., Wrocław

54163666R00092